I0358817

جاده شکوفایی انسان

چگونه سلامت، ثروت و موفقیت را چند برابر کنید

همکاری الهام بخش از نویسندگان بین المللی

پیشگفتار به قلم **دکتر جینا کودی**

مقدمه به قلم **برایان تریسی**

NORTHSTAR SUCCESS

کپی رایت ۲۰۲۳ شرکت نورث استار ساکسس. تمام حقوق قانونی این اثر محفوظ است.

برای سفارش عمده کتاب و درخواست مجوز استفاده از این اثر، با ایمیل شرکت به آدرس زیر تماس بگیرید.

support@northstarsuccess.com

به این وسیله گواهی می‌شود که براساس بخش ۷۷ از قانون کپی رایت طراحی و ثبت اختراعات، شرکت نورث استار ساکسس مالک قانونی این اثر است.

شابک: ۶-۴-۷۷۷۶۱۰۷-۱-۹۷۸

هیچ بخشی از این اثر را نمی‌توان چه برای استفاده عمومی یا خصوصی اسکن یا کپی کرد. ذخیره‌سازی آن به هر وسیله‌ای، چه الکترونیکی، چاپی، فتوکپی، ضبط شده یا غیره خلاف قانون است. در مقالات علمی و مقالات مروری به‌صورت کوتاه، بدون اجازه قبلی از شرکت نورث استار ساکسس می‌توان از این کتاب با ذکر منبع نقل قول کرد.

این اثر غیرداستانی است و هر شباهت اسمی، خصوصیات شخصی و جزئیات افراد چه زنده و چه مرده، به‌صورت کاملاً تصادفی و غیر عمدی است. نویسندگان اثر مسئول محتوا و نظرات مطرح شده هستند. از ابزارهای هوش مصنوعی برای کمک به ترجمه و ویرایش محتوای نوشته‌های نویسندگان استفاده شده‌است. محتواهایی که با هوش مصنوعی ایجاد یا ترجمه شدند، همگی با رعایت قوانین کپی رایت بودند.

خواننده مسئول اعمال و نتایج خود است و در صورت نیاز به مشاوره حرفه‌ای یا حقوقی، باید به‌دنبال خدمات تخصصی مربوط باشد. برای سفارش کلی کتاب و تخفیف ویژه برای تبلیغات، جذب سرمایه و استفاده آموزشی، لطفاً

بــا شــرکت نــورث اســتار ساکســس تمــاس بگیریــد. تهیــه گزیده‌هــای کتــاب هــم در صــورت نیــاز امکان‌پذیــر اســت.

منتشر شده در شرکت نورث استار ساکسس

🌐 northstarsuccess.com
✉ support@northstarsuccess.com
📞 +۱ ۶۴۷ ۴۷۹ ۰۷۹۰

فهرست

پیش‌گفتار ۶

مقدمه ۱۱

ناهید اثنی‌عشری و آزاده ابراهیمی
اشتیاق سوزان ۱۵

شروین اسفندیاری
خود، جریان باش! ۲۷

مرجان آشتیانی
داستان مهارت و توانمندسازی از صفر تا صد در بازارهای مالی ۴۱

مریم بهنژاد
با مهارت در زندگی سفر کنیم ۵۳

دکتر محمد بیگی
هنر شکوفایی انسان ۶۵

پیروز حسنی
تسلیم نشو! ۷۹

محسن خاکی
فراتر از تغییر: چگونه افزودن به برنامه شما می‌تواند همه‌چیز را تغییر دهد ۹۳

دکتر سعید قوامی
ماهی بزرگ در تنگی کوچک، تا شاه ماهی در دریایی بزرگ! ۱۰۷

مژگان نصیری
نقشی نو بر بوم وجود خویشتن ۱۲۱

دکتر زهرا هاشم‌زاده
اردیبهشت ۱۳۵

دکتر آزاده هاشمی راد
از پیله تا پرواز! ۱۴۷

پیش‌گفتار

در ایران با این حس قوی بزرگ شدم که تحصیل مهم است. مادرم در جوانی ازدواج کرد و هرگز فرصت نکرد دبیرستان را به پایان برساند. او از بسیاری جهات زنی فوق‌العاده و بسیار باهوش بود، آن‌قدر باهوش که بداند چه چیزی را از دست داده است. همیشه بهترین را برای من و خواهرم می‌خواست و اصرار داشت سرنوشت خودمان را در دست بگیریم. جوان‌تر که بودیم؛ به ما می‌گفت: تنها راه استقلال زن، درس‌خواندن است.

کلماتش به من انگیزه داد تا در جاده شکوفایی فرمان زندگی را به‌دست بگیرم. در سال ۱۹۷۸، لیسانسم را در رشته مهندسی سازه از دانشگاه فنی آریامهر تهران (دانشگاه تکنولوژی شریف امروز) گرفتم. اما خیلی زود رویدادی جهانی و تاریخی، مسیر زندگی من را تغییر داد. تصمیم برای مهاجرت هرگز ساده نیست؛ در مورد من هم همین‌طور بود. خوش اقبال بودم که جاده زندگی من، مسیر مشخص دیگری را نشانم داد. برادرم در دانشگاه

کنکوردیـا مونتـرال کانـادا مشـغول بـه تحصیـل بـود. به‌دنبـال گرفتـن ارشـد در رشـته مهندسـی دانشـگاه مک‌گیـل ایـران را تـرک کـردم. تنهـا دو هـزار دلار در جیبـم داشـتم در حالـی کـه شـهریه دانشـگاه دو برابـر ایـن مبلـغ بـود. خوش‌بینـی جوانـی!

دو روز بعـد از رسـیدن، بـرادرم، مـن را قانـع کـرد کـه بـه ملاقـات یکـی از اسـاتید مهندسـی در دانشـگاه کنکوردیـا بـروم: پروفسـور سـدریک مـارش[1]. بعـد از یـک سـاعت گفتگـو بـه مـن گفـت: دوسـت دارم در کنکوردیـا درس بخوانـی. چـرا می‌خواهـی جـای دیگـری بـروی؟ و ناگهـان پیشـنهاد کمـک هزینـه مالـی کـرد کـه تحصیلـم را ممکـن می‌سـاخت. او تصمیـم مـن را عـوض کـرد.

ارشـد خـودم در دانشـکده مهندسـی کنکوردیـا را در سـپتامبر ۱۹۷۹ آغـاز کـردم. یـک دهـه بعـد، نخسـتین زن در کانـادا شـدم کـه در ایـن رشـته دکتـرا گرفـت. کنکوردیـا بـه دلیـل دیگـری هـم در قلـب مـن جـای دارد. این‌جـا جایـی بـود کـه تـام[2] همسـرم را دیـدم کـه در رشـته ارشـد تجـارت در دانشـگاه درس می‌خوانـد.

زندگـی مـن یکـی از هـزاران زندگـی اسـت کـه به‌خاطـر سرنوشـت و موقعیـت جغرافـی سیاسـی وطنـم به‌صـورت غیرقابـل برگشـتی تغییـر کـرد. کانـادا و کنکوردیـا بـه مـن ایـن شـانس را داد کـه رویـای آینـده را ببینـم. مثـل روزالـی سـیلبرمان آبـلا[3]، نخسـتین زن یهـودی و نخسـتین مهاجـری کـه توانسـت وارد دادگاه عالـی کانـادا شـود. روزالـی در کمـپ آوارگان اسـتوتگارت یهودی‌هـای لهسـتانی بـه دنیـا آمـد. وکالـت خوانـد و چـون پـدرش نمی‌توانسـت در آلمـان وکالـت کنـد، بـه کانـادا آمدنـد. او گفـت کـه آمـدن بـه کانـادا بـرای او هدیـه‌ای گران‌بهـا بـوده اسـت. فرصتـی از شـانس‌های بی‌نهایـت و آزادی بـرای یافتـن امنیـت و آرامـش. فرصت‌هـا و امنیتـی کـه مـادرم هرگـز نداشـت.

1 Professor Cedric Marsh
2 Tom
3 Rosalie Silberman Abella

شانس آوردم، اما این به این معنا نیست که زندگی در کانادا همیشه ساده بوده است. در دوره تحصیلم اغلب تنها زن در کلاس بودم. در طول کارم به‌عنوان مهندس و در نهایت به‌عنوان رئیس شرکت مهمی در زمینه مهندسی، اغلب تنها زن حاضر در جلسات بودم. یک‌بار به کنفرانس مهندسی در تورنتو با ۷۰۰ شرکت‌کننده رفتم. آنجا هم تنها زن حاضر بودم. مجری تشریفات، جلسه را با این جمله آغاز کرد: خانم و آقایان.

تنها زن در جلسات بودن تنها چالش نبود؛ مشکل این بود که باید همیشه ثابت می‌کردم که به آن فضا تعلق دارم. از آنجایی که همیشه توی چشم بودم، همیشه این فشار کاری ثابت بود. می‌دانستم مردان اطرافم چه آشکار و چه پنهان تعصباتی دارند. زیر ذره‌بین بودم و آن‌ها دنبال این بودند که ببینند چطور در موقعیت‌های سخت متزلزل می‌شوم. اغلب آن‌ها ناامید می‌شدند. مطمئن می‌شدم برای این چالش‌ها کاملاً آماده هستم. همیشه سیر تا پیاز موارد را می‌دانستم و خودم را برای سخت‌ترین سؤالات آماده می‌کردم. غیرمنصفانه است؟ البته! اما ترجیح می‌دهم بُعد زیبای آن را ببینم: این مسئله من را به نکته‌بین‌ترین فرد تبدیل کرد، یک دارایی واقعی در دنیای معماری.

برای اقشار محروم و زنان یکی از اصلی‌ترین راه‌های رسیدن به موفقیت، تحصیل است. باور دارم که جامعه زمانی بهتر می‌شود که تحصیل در مقاطع بالاتر جزء حقوق تمام مردم باشد، آن وقت جامعه سیری طبیعی به‌سمت دنیایی فراگیرتر و بهتر را طی می‌کند. به همین خاطر در سال ۲۰۱۸، تصمیم گرفتم دوباره به بخش آموزش برگردم که عمیقاً مدیون آن بودم. بعد از هدیه قابل توجهم به کنکوردیا، دانشگاه نام دانشکده‌ای که دوبار از آن، از بخش علوم و کامپیوتر فارغ‌التحصیل شده‌بودم، را تغییر داد که به نوبه خودش اولین دانشکده در کانادا و یکی از نخستین‌های جهان

پیش‌گفتار

بود که به‌افتخار یک زن، جینا کودی نام‌گذاری شد.

افتخار می‌کنم که نام من سردر ورودی دانشگاه و سمبل خوش‌آمدگویی به سایر دختران و زنان است. من سمبلی از فرصت نامحدود جامعه مهاجران کانادا هستم، حتی وسیع‌تر، سمبلی برای مهاجران بسیاری از کشورهای مرفه‌تر جهان. اما موفقیت همیشه حرفه‌ای نیست و حتی فراتر از موفقیت شغلی، زندگی فردی است، خانواده، دوستی‌ها، ارتباطات شغلی، زندگی‌هایی که تحت‌تأثیر قرار می‌دهیم و بهبود می‌بخشیم. تعادل، سنجش دقیق موفقیت است. هر زمان شغل پر مشغله‌ام مرا از شهر دور می‌کرد، سعی می‌کردم که به خانه برگردم تا با دو دخترم صبحانه بخورم. آنها بزرگ شدند و جاده شکوفایی خودشان را باز هم در مسیر تحصیل یافتند. یکی از آنها فارغ‌التحصیل حقوق است و به‌عنوان وکیل حقوقی شرکت‌های بزرگ کار می‌کند. دیگری دکترای مهندسی دارد و در بخش تکنولوژی کار می‌کند. مهم‌تر این‌که، آنها انسان‌هایی والا هستند که من و تام نمی‌توانستیم بیشتر از این به آنها افتخار کنیم.

جاده فردی من به‌سمت شکوفایی، از مسیر تحصیل گذشت، بدم نمی‌آید اعتراف کنم که مسیری سخت بود. اما جاده‌های دیگری هم هستند. شاید قرار باشد راهی برای خودتان بیافرینید یا کسب و کار خودتان را آغاز کنید. شاید برای تحقق پتانسیل واقعی خود باید از حق خودتان دفاع کنید یا به‌دنبال درمان روح‌تان بروید. شاید شانسی بیاورید که شما را در مسیر جاده‌ای قرار دهد که هرگز گمان نمی‌کردید، مسیری بسیار بهتر. این داستان‌ها تنها برخی از راه‌هایی هستند که نویسندگان فصل‌های روشن‌کننده این کتاب در مسیر خودشناسی طی کرده‌اند. هر کدام جاده‌ای را یافتند که آنها را به بهترین خودشان رساند و هنوز هم در این مسیر قرار دارند. امید دارم این کتاب به شما نیز کمک کند که

مسیر خودتـان را بیابیـد و در امتـداد آن قـرار بگیریـد.

در مسیرتان بهترین‌ها را برایتان آرزومندم.

دکتر جینا کودی
معاون دانشگاه کونکوردیا
عضو کمپین برای کونکوردیا
عضو هیئت‌مدیره املاک آپارتمانی کانادایی (REIT)

مقدمه

در زمان نوشتن مقدمه کتاب جاده شکوفایی انسان، کاری تحول‌آفرین از شرکتی خوش‌آتیه به نام نورث استار ساکسس، به یاد جمله‌ای قدرتمند افتادم: بدون تغییر نمی‌توانید تبدیل به چیزی شوید که می‌خواهید. این پیامی است که حرفه‌ای‌های بی‌شماری آن را در سرتاسر جهان طنین‌انداز کردند و این جمله در قلب این کتاب جالب توجه، قرار گرفته است.

در دهه‌ها تجربه به‌عنوان سخنران حرفه‌ای، مشاور و نویسنده، با افراد بی‌شماری مواجه شدم که زندگی فردی، حرفه‌ای و مالی خودشان را بهتر کردند. جهانی که در آن هستیم پیوسته تکامل می‌یابد و نیاز به راهنمایی و مربیگری در این فضا، هرگز تا این اندازه حیاتی نبوده است.

بسیار لذت‌بخش است کتابی را معرفی کنم که ستاره قطبی و راهنمای شما در رسیدن به سلامت، ثروت و موفقیت است: جاده شکوفایی انسان.

شرکت نورث استار ساکسس، شاهکاری را خلق کرده است که ترکیبی از سال‌ها پژوهش، تجربه و تعقل برای خلق راهنمایی جامع و کاربردی است. با درکی عمیق از چالش‌هایی که در مقابل افراد حرفه‌ای در جهانی رقابتی و پرسرعت وجود دارد، نویسندگان اصول اصلی و استراتژی‌های بنیادی را بیان کردند که منجر به شکوفایی انسان می‌شود.

در مسیر سفرتان در صفحات جاده شکوفایی انسان، با دسته وسیعی از نگرش‌ها و گام‌های اجرایی آشنا می‌شوید. نویسندگان به‌صورت عمقی موضوعاتی مانند توسعه فردی، طرز تفکر، سلامت جسمانی و روحی و رونق مالی را مطرح می‌کنند و خواننده را قادر می‌سازند تا مسیر منحصربه‌فرد خودشان به‌سمت موفقیت و رضایت را بیافرینند.

یکی از اصلی‌ترین زمینه‌های قابل توجه در این کتاب، توانایی تقویت

دیدگاه حرفه‌ای در تمام ابعاد زندگی بی‌توجه به ملیت، پس زمینه فرهنگی یا زمینه تخصصی است. این جهان‌شمول بودن، گواهی به درک ویژه نویسندگان از شرایط انسانی و پایبندی بی پایان آنها برای کمک به افراد در بهره‌برداری از توانایی‌های خود است.

شکی ندارم که کتاب جاده شکوفایی انسان، منبعی حیاتی برای افراد حرفه‌ای بسیاری در سرتاسر جهان خواهد شد. در مسیر این روشنگرایی عمیق، نخستین گام‌ها را در مسیر روشن‌تر با آینده‌ای درخشان‌تر بردارید. افتخار می‌کنم که این کتاب خارق‌العاده را پیشنهاد می‌کنم که باور دارم سنگ بنای زندگی افرادی می‌شود که به‌دنبال بالقوه ساختن ظرفیت‌های وجودی خودشان هستند.

برای سلامت، ثروت و موفقیت!

برایان تریسی
نویسنده کتاب‌های پرفروش بین‌المللی،
سخنران انگیزشی و متخصص موفقیت

اشتیاق سوزان

ناهید اثنی‌عشری
و آزاده ابراهیمی

اشتیاق سوزان
ناهید اثنی‌عشری و آزاده ابراهیمی

وقت آن است که دوباره اشتیاق سوزان برای زندگی را در خودمان ایجاد کنیم، قرار است خداوند ما را غافل‌گیر کند، نعمت‌های غیرمنتظره‌ای در مسیر ما قرار دارد. استرس را کنار بگذاریم و به خداوند اعتماد کنیم. خداوند جهان را برای ما به لرزه در خواهد آورد. آماده شویم؛ آماده شدن ساده است. فقط کافی است، حس خوب و باور مثبت داشته‌باشیم و اعتماد کنیم.

آنتالیا، کافی شاپ رابرت، آزاده و شوق راه‌های پیش رو

هوای گرم بیرون با شدت خود را از شیشه کافی‌شاپ رابرت وارد می‌کند. حتی گرمای ۴۸ درجه آنتالیا هم نتوانست ما را از برنامه روزانه خود منصرف سازد. جای دنج همیشگی نشسته‌ایم. سرم را از روی صفحه لپ‌تاپ بلند می‌کنم و نگاهی به‌صورت ناهید می‌اندازم که خیلی جدی در حال ویرایش نهایی کتاب "جادوی خرمای ناهید" است. یک لحظه زمان برایم می‌ایستد. واقعی بودن این لحظه را مزه مزه می‌کنم. بعد از چهار سال پر از چالش و بالا و پایین شدن‌ها دوباره در کنار هم قرار گرفته‌ایم. چقدر رشد کردیم و بزرگ شدیم. از دور برنامه‌هایمان را هدفمند پیش بردیم. هیچ‌کس نمی‌داند چه‌ها بر سر ما گذشته‌است. تعدادی در آغاز شنیدند و فراموش کردند. تعدادی در میانه راه پرسیدند و قضاوت کردند. تعدادی همراه شدند و تحمل نکردند. اندکی بی‌توان شدند، ولی ادامه دادند. اما در نهایت من و تو فقط بر سکوی پایانی ایستادیم.

به مراحل نهایی رسیدیم؛ این بار همه ما را می‌بینند. چه کسانی که تاب نیاوردند و چه کسانی که باور نداشتند. قانون، قانون باورهاست. باور من وتو؛ باور من و تو به خودمان و باور من و تو به اندیشه‌هایمان. در

این روزهای ونوس برگشتی از نظر ستاره‌شناسی، شور و شعفی ماندگار را در قلبمان روشن می‌کنیم، تا نور حیات و خورشید قلبمان پر فروغ باشد و در ارتعاش جدیدی متولد شویم. کتاب "جادوی خرمای ناهید" و نسخه فارسی کتاب "واقعیت جدید، قوانین جدید⁴" برایان تریسی در دو قدمی چاپ است. قرارداد اولین شعبه کافی‌شاپ شرکت ناهید در آلمان بسته شده و قرار است مراسم افتتاحیه برای ماه نوامبر برنامه‌ریزی شود.

سرتاسر وجودمان پر از هیجان است و اگرچه گاهاً استرس کارها برآشفته‌مان می‌کند، ولی ایمان قلبی‌مان همیشه غالب است و بی‌شک بهترین زمان و بهترین مکان برایمان تعیین شده‌است؛ زیرا آگاهانه خودمان را تسلیم قدرت لایتناهی کردیم. از روزی که در این مسیر آگاهی قرار گرفتیم، فقط تسلیم شدن را تمرین کردیم که بارها پاداشش را گرفتیم.

شاید تا چند سال پیش، اگر به گذشته زندگی‌ام فکر می‌کردم، خیلی از تجربه‌هایم را می‌خواستم پاک کنم. ولی امروز از تمامی اتفاقات، تجربه‌ها، تلخی و شیرینی‌ها و آدم‌هایی که در مراحل مختلف در مسیر زندگی‌ام قرارگرفتند، سپاس‌گزار هستم. تک‌تک آنها، من امروزی را شکل دادند. با خودم در صلح هستم و این را بیشتر تمرین می‌کنم. هیچ دلنگرانی بابت آینده ندارم؛ بلکه سرتاسر وجودم شوق است که چه چیزهایی را قرار است تجربه کنم؟ زیرا در سال‌های اخیر، روی دیگری از زندگی را دیده‌ام.

همه‌ی مسیر، تا به امروز را در ذهنم مرور می‌کنم. ما، من و ناهید، قصد داریم که در کافی‌شاپمان، "کافه ناهید، سرزمین جادوی خرما⁵"، جوهره واقعی فرهنگ و طعم‌های ایرانی، به‌ویژه از جنوب ایران را برای مشتریان در سراسر جهان به ارمغان بیاوریم. چشم‌انداز ما این است که

---

4 New Reality, New Rules, by Brian Tracy and other Leading Experts and Entrepreneurs.
5 Nahid Cafe, The Magic Land of Date.

سفیر پیشرو فرهنگ ایرانی باشیم و دل‌ها و ذائقه‌ها را با طعم‌های زنده و سنت‌های غنی ایران تسخیر کنیم. تلاشمان برای ایجاد جهانی است که در آن، همه بتوانند زیبایی و لذت زندگی را از طریق محصولات معتبر، نوآورانه و با کیفیت بالای ما تجربه کنند. با تعهد به رشد و توسعه فردی، هدف ما گسترش انرژی مثبت، ایجاد تفاوت معنادار در زندگی افراد و تقویت حس ارتباط بین فرهنگ‌هاست. همان طور که جهان را با شگفتی‌های طعم‌های ایرانی آشنا می‌کنیم، جامعه‌ی جهانی را متصور می‌شویم که با عشق مشترک به طعم‌های استثنائی متحد شده، دنیایی روشن‌تر و هماهنگ‌تر را در لحظه خلق می‌کنند. ما با معرفی طعم‌ها و مواد اولیه جدید، حس هیجان و لذت را برای مشتریان خود ایجاد می‌کنیم و برند ناهید را به برندی متمایز از سایرین تبدیل خواهیم کرد. وقتی به لیست بلند بالا و متنوع محصولات خرمایی همچون خرمای مضافتی، پودر هسته خرما، شکر خرما، کاپوچینو خرما، نان بیسکویت خرمایی و رسپی نوشیدنی‌ها و شیرینی‌های منحصربه‌فرد و کتاب جادوی خرمای ناهید نگاهی می‌اندازم، بر سر ذوق می‌آیم.

گرجستان، اولین دیدار آزاده و ناهید

وقتی که برای اولین بار، ناهید را چهار سال پیش در گرجستان دیدم، هیچ تصور نمی‌کردم، دوستی‌مان به این‌جا برسد و چنین مسیر پر چالش و پر پیچ و خمی را بگذرانیم. در گرجستان زندگی می‌کردم و ماه‌های آخر، در شرکت صادرات و واردات، مترجم شدم. با دنیای تجارت بیگانه نبودم. از کودکی در کنار پدری جسور و شجاع بزرگ شده‌بودم؛ کسی که بزرگ فامیل و پیش‌کسوت صنعت حمل و نقل مسافر در استان بوشهر بود و در تمامی مراحل زندگی با انگیزه مرا تشویق می‌کرد. موفقیت و ثبت رکوردهای متفاوت و ریسک کردن، بخشی از فرهنگ خانوادگی ما بود. تحصیل و موفقیت

ما تنها هدف زندگی پدرم بود. می‌دیدم که بارها خود را نادیده می‌گرفت و تمام هدفاش زندگی و موفقیت‌های ما بود. تمام جوان‌های فامیل به طریقی مسیر شغلی خود را از شرکت پدر شروع کرده‌بودند.

پدرم رفت و در تمام بی‌قراری از دست دادنش، آرام بودم. روی دیگری از زندگی را تجربه کردم، گویی که پرده‌ای کنار رفته باشد. به فهم جدیدی از مسائل رسیدم. پس از رفتنش هم، هر روز بیشتر می‌شناختمش و انرژی وجود و آرزوهای او را حس می‌کردم. خواسته او از جهان هستی مسیر من را هموار می‌کرد. گویی باور و خواسته‌های او در من متبلور شده بود. در نبودش رشد کردم. درس گرفتم. گویی تکه‌ای از وجودش برای آرزوهای ندیده، کتاب‌های نخوانده، سفرهای نرفته، تجارت‌های نکرده، نوشته‌های ثبت‌نشده، مهربانی‌های فرصت نشده و عشق‌های چشیده نشده را در من به جای گذاشته بود. هنوز هم گاهی اوقات دست من را می‌گیرد و با خود می‌برد. در اکثر سفرهایم، فکر می‌کنم به جای خودش در سفر هستم. او نیز حتماً روزی می‌خواسته به این مکان‌ها سفر کند و اکنون همراهم شده‌است.

همان روزها بود که رابطه دوستی من و ناهید رنگ دیگری گرفت. شاید خلأ حضور پدر را در ناهید جستجو می‌کردم. دختری جسور، که هیچ ترسی از ریسک نداشت و مشوق من بود تا عبور کنم و نترسم. او توانایی‌هایم را بارها و بارها تکرار می‌کرد. مکمل یکدیگر شدیم. کسی که مرا با دنیای جدید "خودشناسی" آشنا کرد. با شروع دوره کرونا، به ایران برگشتم؛ و با او، در دوران قرنطینه، اولین تلنگرها را بر یخ خدای درونم حس کردم و به‌سرعت درهای آگاهی در جهت باور به قدرت خلق لحظه حال، رهایی از گذشته، معجزه سپاس‌گزاری و بخشش و آرامش درون به رویم گشوده شد. من غرق عشق به زندگی، خانواده و کشورم شدم و

به تسلیم و رهایی رسیدم. من و ناهید دور از هم، من در ایران و او در آلمان، ولی با هم و در کنار هم، زندگی هدفمندی را زندگی کردیم.

ترکیه، قونیه، ناهید و عشق دیدار مولانا

کعبه العشاق باشد این مقام هر که ناقص آمد، این‌جا شد تمام[۶]

روبه‌روی سر در آرامگاه حضرت عشق، مولانا، ایستاده‌ایم. با خواندن این بیت اشک‌مان ناخودآگاه جاری می‌شود. آن‌قدر هیجان‌زده هستیم که پای رفتن به داخل نیست. شب قبل از سفر، کنسل شدن رزرو هتل بعد از شش ماه برنامه‌ریزی برای سفر ترکیه و دیدار حضرت مولانا، دقایقی من را به‌هم ریخت، ولی خودم را کنترل کردم، حتی به همسرم چیزی نگفتم؛ فقط با آرامش از خدای یگانه و مولانا درخواست کردم که این سفر و این دیدار را به بهترین شکل ممکن مهیا سازد. مثل معجزه در آخرین لحظات همه‌چیز به‌خوبی پیش رفت. لحظه پرواز از خوشحالی گریه کردم و مشتاقانه فکر کردم که بخشی از فصل خود را در آرامگاه مولانا بنویسم. عاشقانه، قهوه خود را با خرمای روکش‌دار گردویی محصولات خودمان خوردم و عکس‌های گوشی‌ام را چک کردم. عکس آزاده در کنار آرامگاه شمس تبریزی، در شهر خوی، استاد حضرت عشق، روز قبل از سفر به ترکیه، دلم را قرص می‌کرد. همه‌چیز در جای درست خودش بود. با خودم گفتم: با هم به قونیه، آرامگاه حضرت مولانا، می‌رویم و همه رویاهایمان را به واقعیت تبدیل می‌کنیم.

خاطرم هست که سال ۲۰۰۴ در شب بارانی در هندوستان، سخت مشغول درس‌خواندن برای امتحان ژنتیک روز بعد بودم. خسته و دلتنگ از خانواده، پشت میز کامپیوتر قدیمی خود نشستم و در یوتیوب بی‌هدف چرخی زدم. ناخودآگاه به کلیپ دیدار شمس و مولانا هدایت شدم که مرا عجیب به

۶ مولوی، دیوان شمس

فکر فرو برد:

"کیستم من؟ کیستم من؟ چیستم من؟ آزمودم مرگ من در زندگی‌ست، چون رهم زین زندگی، پایندگی‌ست".[7]

نوزده سال از آن شب می‌گذرد و من در این لحظه، در حضور حضرت عشق، بخشی از فصل خود را می‌نویسم. آن کلیپ به‌دست فراموشی سپرده شده بود تا این که مولانا من را از طریق آزاده صدا کرد. جلسات آنلاین محفل عشق و آگاهی[8] دکتر برازنده برای تفسیر چهل قاعده شمس تبریزی و آثار مولانا، من را هر روز سبکبال‌تر می‌کرد و در آن شور و اشتیاق، چقدر عزتمندانه به پروژه کتاب برایان تریسی، "واقعیت جدید، قوانین جدید"، با شرکت نورث استار ساکسس[9] هدایت شدم. از طرفی پروژه متوقف شده کتاب جادوی خرما را دوباره با آزاده از سر گرفتیم. این شرایط برای من مانند تولدی دوباره بود. بسیار زیبا نشانه‌ها را دریافت کردم و در مسیر اهدافم قرار گرفتم. قدرتمندانه یکی یکی به سراغ اهدافم می‌رفتم.

بزرگ‌ترین آرزویم این بود که نویسنده شوم تا قصه زندگی‌ام و تجربه‌هایم را با دیگران به اشتراک بگذارم. اولین تجربه نوشتنم، پروژه مشترک کتاب "واقعیت جدید، قوانین جدید" با برایان تریسی بود که نسخه فارسی‌اش را آزاده ترجمه کرد. این کتاب، داستان‌های زندگی ۱۷ نفر در دوران کرونا، پر از چالش‌ها، شکوفایی‌ها و تجربیاتشان از سرتاسر دنیا است. کتاب دوم، کتاب "جادوی خرمای ناهید" است که با همراهی آزاده نوشتیم و عکاسی کردیم. این کتاب از ۲۲ دستور غذایی سالم خرمایی و ۲۲ قانون طلایی زندگی شاد صحبت می‌کند. دستورهای غذایی که با استقبال بیش از

---

۷ مولوی، مثنوی

8 t.me/eshqoagahiy

9 North Star Success Company

صدهـا نفـر روبـه‌رو شـد و همـه مشتاقانه منتظـر ثبـت شدنشـان بودنـد و قوانینـی کـه زندگـی مـا را متحـول کـرد و دوسـت داشـتیم بـه گـوش جهانیـان برسـانیم.

همزمان دوست داشتم کافی شاپ خاصی راه اندازی کنـم؛ جایـی امـن و آرام بـرای نوشـیدن قهـوه و سـرو شـیرینی‌های خرمایـی سـالم و بـدون شـکر، جایـی دنـج بـرای مطالعـه کتـاب، کتاب‌هایـی بـرای رشـد شـخصی. می‌دانـم روزی بخـش مهمـی از قفسـه کتاب‌هـای کافـه ناهیـد، بـه کتاب‌هـای خودمـان تعلـق خواهـد گرفـت، همان‌هایـی کـه تـا بـه امـروز مقدمـه بسـیاری از آن‌هـا برنامه‌ریزی شده‌اسـت.

سـال‌های اخیـر اکثـر روزهایـم را در کافـی شـاپ‌های شـهرها و کشـورهای مختلـف گذرانـدم. توصیـف حـس و حالـم در کافـی شـاپ دشـوار اسـت. تمـام نوشـته‌هایم در کافـی شـاپ بـر روی کاغـذ آمدنـد. حتـی در ایـن سـفر اخیرمـان بـا آزاده، اکثـر روزهـا را در کافی‌شـاپ بـرای ویرایـش نهایـی کتاب‌هـا گذرانـدیم. در سـفر تفریحی‌مـان نیـز از کار غافـل نبودیـم. کارمـان بـا عشـق عجیـن شـده بـود و عاشـقانه برایـش قـدم برمی‌داشـتیم. یک‌بـار یکـی از دوسـتان صمیمی‌ام از مـن پرسـید: "تـو کـه همیشـه در خانـه تنهـا هسـتی، بچه‌هـا مدرسـه هسـتند و همسـرت سـر کار؛ دسـتگاه قهوه سـاز هـم داری، چـرا اکثـر روزهایـت را در کافی‌شـاپ سـپری می‌کنـی؟" "مـن بـا خنـده جـواب دادم: "در کافـی شـاپ اسـت کـه دسـت بـه قلـم می‌شـوم و مـن همیشـه حاضرم بـرای حـس و حـال خوبـم هزینـه کنـم."

کافه ناهید، سرزمین جادوی خرما

کافـه ناهیـد، سـرزمین جـادوی خرمـا، مکانـی پـر از آموزه‌هـا و کتاب‌هایـی بـرای روح و جسـم اسـت. کافـه ناهیـد، بسـتری بـرای نمایـش محصـولات برنـد ناهیـد و تجربـه لحظاتـی لـذت بخـش بـرای مشـتریان اسـت تـا بـا مجموعـه‌ای از نوشـیدنی‌ها و غذاهـای بـدون شـکر، تعهـد خـود بـه زندگـی سـالم را نشـان دهیـم. در کافـه ناهیـد، سـرزمین جـادوی خرمـا، فضایـی آرام بـرای سـرگرمی و آموزش‌هـای کـودکان

اختصاص دارد که به کودکان فرصتی برای یادگیری و پیشرفت می‌دهد و پناهگاهی به‌دور از حواس پرتی دنیای مدرن را فراهم می‌کند.

خواسته قلبی ما این است که کافه ناهید، سرزمین جادوی خرما، میزبان کارگاه‌هایی باشد که در آن افراد می‌توانند مهارت‌های ضروری برای پختن شیرینی‌های خاص خرمایی بدون شکر و پیمایش در دنیای پر هیاهوی امروزی که در آن زندگی می‌کنیم را بیاموزند. کافه ما به‌عنوان مرکزی برای به اشتراک گذاشتن فلسفه زندگی شاد و آرام با دیگران عمل می‌کند و بینش‌های ارزشمندی که یک عمر با استقبال از مثبت بودن و گسترش حال خوب به‌دست آورده‌ایم را با همراهانمان به اشتراک می‌گذاریم. آگاهیم که بذری از عشق در وجودمان نهفته‌است و باید با عشق بیشتر آن را بارور کنیم. ناپلئون هیل در کتاب بیندیشید و ثروتمند شوید،[10] نقل می‌کند: جایی در وجود ما، بذر موفقیتی نهفته‌است که اگر فعال شود، می‌تواند ما را به اوج برساند.

من و آزاده، به راه اندازی شعبه‌های بیشتر در سرتاسر جهان می‌اندیشیم. در کافی شاپ چند منظوره‌مان، که بانوان سرزنده ایرانی با اصالت بوشهری، با نگرش مثبت به زندگی و خستگی‌ناپذیر، دنیا را مکانی زیبا و زندگی را هدیه‌ای الهی می‌بینند، باید هر لحظه را گرامی داشت. در طراحی فضاهای "سرزمین جادوی خرمای ناهید" عناصری با الهام از خرما و فرهنگ جنوب ایران به‌طور برجسته‌ای به چشم می‌خورد. این نمادها به زادگاه ما ادای احترام می‌کنند و به‌عنوان نماینده فرهنگ غنی و پر جنب و جوش منطقه جنوب ایران دیده می‌شوند.

---

10 Think and Grow Rich, by Napoleon Hill.

اشتیاق سوزان

زندگی‌نامه نویسندگان

ناهیـد اثنی‌عشـری، دانشـجوی ممتـاز و فارغ‌التحصیل رشته کودک‌یـاری و میکروبیولـوژی از دانشـگاه هنـد، مؤسـس و مالک شـرکت بین‌المللـی ثروت‌آفرینـان ناهیـد، در سـن ۳۶ سـالگی بـا مهاجرت از ایـران بـه آلمـان، زندگـی خـود را دگرگـون سـاخت. ناهیـد بـا روحیه سـخت‌کوش و مثبت‌اندیـش خـود، بـا توکل بـه منبـع انـرژی، نـور و آگاهی، بعد از مهاجرت بـا کمـک علـم روان‌شناسـی و تجربیاتـی کـه از مطالعـه بیـش از دویسـت جلـد کتـاب، ده هـزار سـاعت کلاس، سـمینار و وبینـار در ایـن حـوزه به‌دست‌آورد، توانست تمـام داروهـای ضد افسـردگی که به‌علت زندگی سـخت گذشته‌اش در ایـران اسـتفاده می‌کـرد را کنـار بگـذارد. او همچنیـن توانسـت با راه انـدازی دو کانـال در فضـای مجـازی در اینسـتاگرام و واتسـاپ در حـوزه رشـد شـخصی، مشـاوره خانـواده، مشـاوره سرمایه‌گـذاری و مهاجـرت بـه کشـور آلمـان، انگیـزه، حـال خـوب و موفقیت‌هـای بسـیار مؤثـر و چشـمگیری را بـرای صدهـا نفر

ایجـاد کنـد و متقابـلاً رزومـه‌کاری و معنـوی پربـاری را بـرای خـود رقـم بزنـد.

رویـه فـوق العـاده ناهیـد در زمینـه بازاریابـی و فـروش، کـه از کودکـی آغـاز شـده بـود از او فـردی موفـق در زمینـه تجـارت سـاخت و در نهایـت منجـر بـه تأسـیس شـرکت بین‌المللـی ثروت‌آفرینـان ناهیـد در حـوزه تولیـدات و صـادرات شـد. او همچنیـن ابـداع کننـده و تولیـد کننـده محصـولات جدیـد و سـالم خرمایـی از جملـه کاپوچینـو خرمایـی، نـان بیسـکویت خرمایـی، نوتـلا خرمایـی، کوکـی خرمایـی و... بـا برنـد ناهیـد در اروپـا و خاورمیانـه شـد. بـا وجـود همـه موانـع از جملـه تولـد، مراقبـت و تربیـت دو فرزنـد کوچـک، یادگیـری زبـان دشـوار آلمانـی، و مشـکلات سـال‌های اخیـرش نه‌تنهـا تسـلیم نشـد؛ بلکـه ایـن شـرایط او را قوی‌تـر و مصمم‌تـر بـرای رسـیدن بـه اهـداف خـود کـرد. آشـنایی و همـکاری بـا مجموعـه نـورث اسـتار ساکسـس، آقـای دکترانـاری و همسـر بی‌نظیـر ایشـان خانـم دکتـر کتـی بیـداد، در پـروژه کتـاب برایـان تریسـی "واقعیـت جدیـد، قوانیـن جدیـد" و علاقـه زیـاد ناهیـد بـه کتاب‌خوانـدن، پنجـره جدیـدی در مسـیر زندگـی او بـاز نمـود کـه وی را ترغیـب بـه نوشـتن کتـاب "جـادوی خرمـای ناهیـد" کـرد.

ناهیـد هـر هفتـه کارگاه‌هـای آموزشـی شـیرینی‌های خرمایـی و گردهمایی‌هـای ایرانـی در خانـه خـود برگـزار می‌کنـد و همـراه دختـرش در نمایشـگاه‌های محلـی در شـهرهای آلمـان محصولات‌شـان را ارایـه می‌کننـد. اسـتقبال عمـوم او را مصمم‌تـر و دلگرم‌تـر بـرای تأسـیس کافـی شـاپ چنـد منظـوره کـرد.

او بـا توجـه بـه روحیـه یاری‌رسـان خویـش همـکاری قـوی خـود را بـا مؤسسـه خیریـه جنـوب ایـران از سـال ۲۰۲۰ آغـاز کـرد. ناهیـد عاشـق مطالعـه، پیـاده‌روی و فوتبـال اسـت و از آشـپزی و سـفر هرگـز خسـته نمی‌شـود. زندگـی از دیـدگاه ناهیـد هدیـه‌ای بـا ارزش از سـوی خالـق بـرای تجربـه کـردن، عشـق ورزیـدن و لـذت بـردن در جهـت کمـال اسـت.

آزاده ابراهیمی، متولد بوشهر، فارغ‌التحصیل ارشد رشته فرهنگ و زبان‌های باستانی از دانشگاه تهران، مدیرعامل شرکت بین‌المللی ثروت‌آفرینان ناهید است که پیش از آن سابقه هشت سال تدریس در دانشگاه و ۲۰ سال مدیریت شرکت مسافربری در کنار پدر را داشت. بعد از فوت پدر، زندگی جدید و عجیبی را در همان سال‌هایی که تمام دنیا روزهای متفاوتی را با وجود این ویروس کوچک تجربه می‌کرد، آغاز کرد. برای ادامه تحصیل و سفرهای تفریحی به کشورهای مختلفی از جمله هندوستان، مالزی، ارمنستان، دبی، روسیه و ترکیه رفت و نهایتاً در سفر موقت به گرجستان، سه سال در آنجا ساکن شد.

آزاده در گرجستان با ناهید، که از آلمان برای دیدن خانواده‌اش آمده‌بود، آشنا شد. دوستی آنها در مسیر خودشناسی و رشد شخصی، منجر به تأسیس شرکت بین‌المللی ثروت آفرینان ناهید در حوزه تولیدات و صادرات با برند ناهید در اروپا و خاورمیانه و کافی شاپ‌های زنجیره‌ای کافه ناهید، سرزمین جادوی خرما شد. آزاده در کنار ناهید، در نوشتن و چاپ سه کتاب همکاری کردند.

آزاده امروز ایمان قلبی دارد که ادامه این مسیر تجارت و رشد شخصی رو به روشنایی و آگاهی است و روح او چه معنوی و چه مادی در این جهان در سفر است تا به تکامل برسد و در مسیر رسالتاش عشق ورزی و زندگی عاشقانه قرار بگیرد. او بر این باور هست که کتاب "جادوی خرما"، که قلب دستاوردهایش در سال‌های اخیر است، جادو می‌کند و دستورالعمل‌های طلایی خود را برای زندگی شاد و سالم، اول برای خود و دوستانش و بعد برای جهانیان هدیه می‌دهد.

آزاده عاشق سفر، عکاسی، مطالعه، موسیقی و پیاده‌روی است. زندگی از

جاده شکوفایی انسان

دیـدگاه او فرصـت طلایـی از سـمت قـدرت لایتناهـی اسـت و از ایـن فرصـت بـرای تجربـه کـردن و عشـق ورزیـدن بایـد اسـتفاده‌کرد تـا عاشـقانه در مسـیر آگاهـی تـا بی‌کرانه‌هـا بـه پـرواز درآمـد.

از این طریق با ناهید در ارتباط باشید:

@nahidcompany
nahid79@web.de
nahidco.com/nahidcompany.com

از این طریق با آزاده در ارتباط باشید:

Azidoo@yahoo.com
Azidoo
nahidco.com/nahidcompany.com

خود، جریان باش!

شروین اسفندیاری

خود، جریان باش!
شروین اسفندیاری

انسان وقتی به دنیا می‌آید، می‌داند چطور برای خواسته‌هایش بجنگد. برای او مهم نیست؛ کجا باشد یا دیگران چطور او را قضاوت کنند. اگر به خواسته‌هایش نرسد؛ آن‌قدر تقلا می‌کند تا به آن‌ها دست یابد. اما به‌مرور، در مسیر بزرگ شدن، قطب‌نمای خوشبختی را گم می‌کند. این قطب‌نمای خوشبختی، به‌اعتقاد من، خواسته‌های درونی هستند. گاهی باید دوباره جنگیدن را آموخت. یاد گرفت که چطور رها و آزاد از قضاوت‌ها، به‌دنبال خواسته‌های خود رفت. من بارها مسیر زندگی خودم را تغییر دادم، تا به خواسته‌های واقعی‌ام برسم. بارها با عقل و منطق جنگیدم، تا دریابم، هنرمندی در درون من است که دلش می‌خواهد شنیده و دیده شود. البته تأثیر شرایط خانوادگی، سیاسی، اقتصادی و اجتماعی روی زندگی افرادی مانند من، غیرقابل انکار است، ولی از نظر من، باید با پررنگ‌تر کردن توانایی‌ها بر ناتوانی‌ها غلبه کرد. می‌توان بدون افسوس گذشته و نگرانی برای حال زندگی کرد. می‌توان با خود گفتگوها داشت و در لحظه جاری شد. قرار نیست کسی ما را به ساحلی امن برساند، باید قطب‌نمای خوشبختی را خودمان پیدا کنیم. به خواسته‌های درونی خودمان گوش کنیم و در همان مسیر قرار بگیریم.

از رؤیاهای کودکی تا بیدار شدن در واقعیت

من شروین هستم؛ عاشق بازیگری بودم. اما آن‌قدر با منطق بزرگ شدم که وقتی خانواده‌ام عاقلانه نشستند و با من حرف زدند، قانعم کردند که این فقط رؤیایی بچگانه است. واقعیت این است که هر کودکی

رویای منحصربه‌فرد خودش را دارد اما گاهی خواسته‌های بزرگ‌ترها شکل رویاهای کودکان را تغییر می‌دهد و رویاهای آنها بوی رویاهای بزرگ‌ترها را می‌گیرد. من خواهر بزرگ و کمال‌گرای خانواده بودم. با این‌که در خانواده‌ای روشن‌فکر و هنردوست به دنیا آمده‌بودم، نتوانستم مسیر هنری را انتخاب کنم.

پدرم، مردی ارتشی و کمال‌گرا و مادرم زنی مقتدر و خستگی‌ناپذیر بود، به همین دلیل رویای من هم که در چنین فضایی بزرگ شده‌بودم، رفته رفته بوی بزرگ‌تر شدن و منطق به خود گرفت و سر از رشته روان‌شناسی درآورد. یک استدلال غلط وجود دارد که علایق از استعدادها سرچشمه می‌گیرند، اما واقعیت این نیست. اگر این‌طور بود، اکنون روان‌شناس بودم. در این زمینه استعداد داشتم، مطالعه گسترده کرده بودم و عاشق خواندن و تشخیص علائم بیماری بودم. هر چقدر بیشتر می‌خواندم، بیشتر به این نتیجه می‌رسیدم که همه ما با مشکلات خاص خودمان بزرگ‌شده‌ایم. واقعیت این است که دنیا برای من پر بود از آدم‌هایی که با ضربه‌های روحی و مشکلات ذهنی و کوله‌بارهایی از ترس و اضطراب بزرگ شده‌بودند، اما یاد گرفته بودند عادی باشند و تظاهر کنند. دوره تئوری عالی بود. مشکل از جایی شروع شد که با ماهیت واقعی رشته‌ام مواجه شدم: درمان!

با ورود به دنیای واقعی و شروع دوره‌های درمان، شیرینی ماجرا از بین رفت و رفته رفته واقعیت این رشته برای من نمایان شد. دلسوزی و هم‌دردی ذاتی من در این رشته جایی نداشت. علائم بالینی بیمار، من را بسیار اذیت می‌کرد. با تک تک بیماران، درد را حس می‌کردم. این‌جا بود که فرسودگی شغل روان‌شناسی را درک کردم. رویای داشتن کلینیک درمانی، دیگر قشنگ نبود. دیگر ماهیتش به دنیای من تعلق نداشت. دقیقاً مثل لیمو شیرین، اولش عالی بود، اما به مرور تلخی آن نمایان شد.

خودم را روبه‌روی خودم نشاندم، چای دم کردم، در این خلوت با خودم گفتگوها داشتم. در نهایت به خودم گفتم: رسالت وجودی من این است که شاد باشم. غم‌های دیگران روحم را آزار می‌دهد. دوست نداشتم شریک لحظات غم افراد باشم، دوست داشتم لحظات شادی را برای افراد خلق کنم. پس مسیر خودم را عوض کردم. ماهی را هر وقت از آب بگیری تازه است، هر وقت هم از رفتن در مسیر اشتباه دست برداری، سود کرده‌ای.

سفر درمانی

عناوین جدیدی به زیرشاخه تراپی یا درمان وارد شدند، مانند هنر درمانی، داستان درمانی، کتاب درمانی و غیره و اما من روان‌شناس از روان‌شناسی دست کشیده، "سفر درمانی" را آغاز کردم. تصمیم گرفتم شرکت گردشگری و جهانگردی تأسیس کنم. هیچ ایده‌ای از صنعت گردشگری نداشتم؛ اما سرسخت بودم و به دنبال رویاهایم رفتم. فهمیدم باید چندین دوره بگذرانم و مدارک لازم را بگیرم. آماده یادگیری بودم و آن دوره‌ها را به‌خوبی گذراندم. از آنجایی که شخصیت ساکت و آرامی دارم، اهل کتاب و هنر هستم و عاشق تئاتر و بازیگری، تمام تلاشم را کردم که نقش مدیر را به‌خوبی بازی کنم و موفق شدم. نیروهای خودم را گرفتم، شرکت را تأسیس کردم و بعد از گذشت یک‌سال، به سوددهی رسیدم. حتی بعد از مهاجرتم به کانادا هم، این شرکت با کمک خواهرم به کارش ادامه داد تا این که بعد از شانزده سال، با مهاجرت خواهرم به کانادا، دیگر مجوز شرکتم را تمدید نکردیم.

مدیریت برای من جذابیت زیادی داشت و هر قدر بیشتر با دنیای مدیریت آشنا شدم، بیشتر دریافتم که چقدر با شخصیت من هم‌خوانی دارد. من که میل به یادگیری، یکی از ویژگی‌هایم هست، تصمیم گرفتم علم مدیریت[11] را بیاموزم. درس‌های «مدیریت کسب و کار» را شروع کردم

11 MBA

و به این ترتیب یاد گرفتم که چطور بیش از پیش به مقوله حسابداری و امور مالی، تبلیغات، بازاریابی و مدیریت منابع انسانی بنگرم. تفکراتم فرم جدیدی به خود گرفتند. منِ درونم را پیدا کرده‌بودم و دوست داشتم در آن جامعه‌ی مردانه، زنانه پیشرفت کنم. می‌خواستم موفق و قدرتمند باشم، پس یاد گرفتم مبارزه کنم و برای خواسته‌هایم بجنگم. صلح و جنگ دو روی سکه هستند و برای صلح درون، گاهی باید جنگید. با پشتکار و هدفمندی که داشتم توانستم عضو انجمن صنفی و پس از مدتی عضو هیئت مدیره صنفی گردشگری در استان شوم. این دوره با تمام سختی‌ها و جذابیت‌هایی که برایم داشت، از من شروین متفاوتی ساخت.

از آموزش تا رشد در دنیای گردشگری

ترکیب مدیریت و روان‌شناسی با هم، به من این امکان را داد که یکی از رسالت‌های شرکتم، برگزاری تورهای آموزشی باشد و با تمام سختی‌هایی که در این رسالت بود، موفق به برگزاری آن شدم. از آنجایی که امور آموزشی برایم جذاب بود در مؤسسات آزاد که یکی از آنها وابسته به سازمان گردشگری بود، به تدریس دوره‌های آموزشی مانند روحیات ملل، رفتار سازمانی، زبان بدن و عملیات تورگردانی پرداختم. در صنعت گردشگری که بیشتر مدیران آن مردان بودند و بیشتر زنان، کارمند آنان بودند؛ موفق بودن را به‌عنوان مدیر آموختم و توانستم به‌عنوان زنی جوان و مدیری موفق در صنعت گردشگری ایفای نقش کنم. در کنار کار آژانس، تدریس را شروع کردم. با آن که تدریس برای من منفعت مالی نداشت، اما احساس کردم با تدریس احساس خوبی دارم. چیزهایی را که سخت آموخته‌بودم، به‌راحتی به دیگران آموزش دادم و سعی کردم برای مؤثر و مفید بودن همواره خودم را با جدیت نگه‌دارم.

رویای پرواز

شرایطم در ایران عالی بود. خانواده، شغل مناسب، شرکت خصوصی و موقعیت اجتماعی، که با زحمات فراوان طی سال‌ها به‌دست آورده‌بودم را داشتم ولی چیزی فراتر می‌خواستم. دوست داشتم فراسوی دنیای نابرابر و قضاوت‌ها زندگی کنم. آن زمان بود که رویای مهاجرت به سرم زد. با این که برای اثبات خودم مدت زیادی تلاش کرده‌بودم و در دنیای مردانه گردشگری به جایگاه مناسبی رسیده‌بودم، اما همیشه سایه نابرابری را احساس می‌کردم. شاید فکر مهاجرت، برای رهایی از این حس نابرابری بود. برای این که فقط مدیر باشم، نه مدیر زن جوان! می‌خواستم در شرایطی زندگی کنم که زن بودنم روی کارم سایه نیندازد و صدایم مانند مردان شنیده شود. از آن همه عقاید غیرمنطقی، متعصبانه و تهی از دانش مدیریت در صنعت گردشگری که هر روز راه را برای رشد افرادی مانند من، چه زنان و چه مردان طاقت‌فرسا می‌کرد، دور شوم. چاره‌ای نبود جز این که، بیش از پیش برای بهتر شدن، به وضع موجود بنگرم. دوباره چای دم کردم، خودم را دعوت به نوشیدن چای کردم. با هم گفتگوها داشتیم. از خودم پرسیدم چرا باید راحتی و دنیای خودت را کنار بگذاری؟ حرف کودک درونم را شنیدم و قانع شدم که باید بروم؛ شرایط گردشگری به شدت تحت‌تأثیر سیاست‌های دولت، عوامل اقتصادی، اجتماعی و فرهنگی است. نگاه به مقوله گردشگری در کشور ایران منفی است و رویای این را داشتم که در کارم تأثیرگذار باشم. از لحظه ابتدایی که به مهاجرت فکر کردم؛ این مسئله را در نظر گرفتم که مسیر دشواری پیش رو دارم، اما ایمان داشتم، همان‌طور که شرکت گردشگری از من انسانی دیگر ساخت، مهاجرت هم از من فردی دیگر خواهد ساخت. نمی‌خواستم در کشوری باشم که غالب زنانش به‌خصوص هم نسل‌های من هرگز فرصت لمس

آزادی حقیقی را نداشتند و غالب مردانش از آزادی و رهایی زنانه، تفسیری مردانه دارند. می‌خواستم در جایی کار کنم، که زن بودنم نقش‌های بیرونیم را به‌درستی در بستری برابر و عادلانه تحت شعاع قرار دهد.

تغییر مسیر در دنیای جدید

مهاجرت به کانادا فرایندی طولانی داشت. در کانادا شروع به تحصیل در زمینه مدیریت روابط بین‌الملل کردم. اما بعد از کمی مطالعه فهمیدم که رویای توسعه شرکت گردشگری در ایران، رویای باطلی است. با توجه به دلایلی که پیشتر به آن اشاره کردم و دلیل مهاجرت من بود، اما قبلاً دوست داشتم با ارتقا علمی در کانادا بتوانم بحث ورود توریست به ایران، کشور زیبایی که چهار فصل دارد، را پیش ببرم که هم باعث جریان کاری مستمر در شرکتم می‌شد و هم باعث رشد صنعت گردشگری کشورم ایران. چرا که هنوز هم معتقدم ایران از نظر قطب گردشگری بسیار غنی است مشروط بر آن که دیده شود. هر گردشگری در ایران در یک فصل واحد می‌تواند دریا، جنگل، دشت و کویر را ببیند و آب و هوایی معتدل را در بهترین جاذبه‌های گردشگری تجربه کند. اما سیاست‌های نادرست تأثیر شدیدی روی بخش گردشگری دارند که حقیقتاً شرایط را برای گردشگر ورودی بسیار سخت می‌کند. سیاست‌های کشورم در جهتی می‌رفت که دیگر رؤیای برگشتن و خلق آینده‌ای برای گردشگری رؤیایی باطل بود. با تمام تردیدهایی که برای ادامه مسیر و یا تغییر مسیر داشتم، مطمئن بودم هرگز تردید به درونم بی‌جهت راه نمی‌یابد.

بعضی از آدم‌ها از تنهایی می‌ترسند، آنها می‌ترسند با خودشان گفتگو کنند. اما سازنده‌ترین حرف‌ها، مطالبی است که با خودت، صادقانه در تنهایی می‌گویی. تحقیق بسیار کردم و پس از آن با طیب خاطر تصمیم به تغییر در مسیرم گرفتم. برای ادامه مسیر همچنان باید تحقیق و تفحص

می‌کردم. با نوشتن ارزش‌ها و اولویت‌هایم شروع کردم. اولین اولویتم این بود که برای خودم کار کنم، کار و شرکت خودم را داشته باشم. دومین اولویتم این بود که مجبور نباشم برای تأسیس شرکت، سابقه تجربه کار کانادایی داشته باشم. اولویت و افکارم باعث شد که دوباره با خود گفتگو کنم. به ویژگی‌ها و ارزش‌های خودم پایبند بودم و می‌دانستم رشته مدیریت، مرا به خواسته‌هایم نمی‌رساند. رهاسازی رشته‌ای در میانه راه، قطعاً خسارات مالی زیادی داشت، اما وقتی مزایا و معایب را نوشتم و دقیقاً جوانب کار را بررسی کردم و خوش‌بینانه‌ترین و بدبینانه‌ترین سناریو را نوشتم، دیدم که راه حل منطقی انصراف از تحصیل در رشته مدیریت و شروع رشته جدید است.

حضور هوش مصنوعی هر روز خیلی از مشاغل را به خطر می‌اندازد. خیلی از کارها را می‌توان در آینده با هوش مصنوعی انجام داد. به گزینه‌هایی فکر می‌کردم که کمتر تحت‌تأثیر هوش مصنوعی و دنیای تکنولوژی اطلاعات قرار بگیرند، به‌عبارتی این دو مورد نتواند با آن رقابت کند. با در نظرگرفتن همه جوانب، کلینیک زیبایی و مراقبت‌های پوستی را به‌عنوان شغل آتی خودم انتخاب کردم. شاید این انتخاب در ظاهر خیلی متفاوت با شرکت گردشگری باشد. اما واقعیت این است که برای من ارتباط با افراد و ارتقا حال خوبشان در اولویت قرار داشت. دوست داشتم، در حس و حال خوب افراد نقش داشته باشم، همچون گذشته که در شرکت گردشگری با ارائه خدمات داخلی و خارجی به مسافران در ارتقا روحیه و انرژی حال مسافران نقش داشتم، اکنون می‌خواستم در کلینیک زیبایی و مراقبت‌های پوستی با بهتر و زیباتر کردن جسم افراد و تأثیر آن در روحشان این تجربه ارزشمند را دوباره احساس کنم و این شد دلیلی برای شروع تحصیل در رشته زیبایی و مراقبت‌های پوستی.

آموزش و شکوفایی در زمان تعلیق

انسان موجودی قوی است. هیچ‌چیز نمی‌تواند سد راهش شود، جز خودش! اما واقعیت این است که وقتی همه برنامه‌ها را هم بچینی؛ شاید باز هم به مشکل برخورد کنی. سال تحصیلی من رو به اتمام بود. آماده بودم که مکانی را اجاره کنم، تجهیزات مورد نیازم را بخرم و کلینیک زیبایی و مراقبت‌های پوستی خودم را تأسیس کنم. اما موجودی بسیار کوچک همه برنامه‌های من را تعطیل کرد. وقتی در مورد ویروس نوظهور، کوید، شنیدم، گمان می‌کردم در عرض یک هفته شرایط دوباره به وضعیت طبیعی برگردد. به نظرم علم آن‌قدر پیشرفت کرده بود که ویروسی کوچک نتواند آن را فلج کند. هر روز منتظر پایان این داستان عجیب بودم. اما کو اتمام! بعد از مدتی احساس عصبانیت و بلاتکلیفی کردم. با گذشت چند ماه، ناگهان این فکر به سرم زد که چقدر خوب شد کلینیک خودم را دایر نکرده بودم. به زیان مالی فکر کردم که ممکن بود متحمل می‌شدم و بدتر از همه به این فکر کردم که چند نفر با بسته شدن کسب و کارشان به مشکل خوردند. این خشم آرام آرام جای خودش را به پذیرش داد. پذیرفتم که فعلاً شرایط این است.

یکی از ترس‌های مردم در آن دوران، قرنطینه بود. اما برای من فرصتی بود که به‌جای دویدن، بایستم و اطرافم را بنگرم. چیزهایی را دیدم که قبلاً فرصت دیدنشان را نداشتم. با دکتر شهاب اناری در آن دوران آشنا شدم و در کلاس‌های خودشناسی شرکت کردم. انگیزه و انرژی تازه‌ای گرفتم.

قبل از شروع کوید، تصمیم گرفته بودم در حاشیه کارم در کلاس‌های بازیگری شرکت کنم و در این خصوص ثبت نام هم کرده بودم. با شروع کوید، این کلاس‌ها بعد از چند جلسه به‌صورت مجازی درآمد. دوست داشتم وارد جریان عملی شوم و از حضور هنرمندان در کنارم لذت ببرم. اما نشد که

نشد و این کلاس‌ها را به‌بعد از دوران قرنطینه موکول کردم و به‌جای آن در کلاس‌های صدا بازیگری شرکت کردم. این برایم شروع تحولی جدید بود. صدا بازیگری تجربه‌ای لذت بخش بود. پرورش صدا، با کلاس مجازی میسر بود و از این مسیر واقعاً لذت بردم. در کلاس‌های صدا بازیگری با قدرت پیش رفتم و سعی کردم صدایم را پرورش دهم. همراه با آن در وبینارها و کارگاه‌های دکتر اناری شرکت کردم و شخصیت و نگرشم را تغییر دادم. در نهایت منِ قبل از کرونا، با منِ بعد از کرونا تفاوت زیادی داشت. یاد گرفته بودم از تمام داشته‌هایم بهره بگیرم، آموختم تسلط بیشتری روی صدایم داشته باشم و مدارکی را برای کلینیک خودم گرفتم که باعث شد با قدرت و اعتماد به نفس بیشتر مسیر جدیدم را ادامه دهم.

صدای تغییر: از چالش‌ها تا تحقق رؤیاها

وقتی قرنطینه به پایان رسید، به جستجوی مکان مناسب برای کلینیک پرداختم. این مسئله دشوارتر از تصورات من بود. با وجود ترس صاحبان املاک پس از دوران کرونا، رکود شدید در املاک تجاری، عدم آشنایی من با شرایط کار در کانادا و تفاوت‌های اقتصادی و حتی فرهنگی، در این مسیر چالش‌های بسیاری داشتم. اما در مسیر زندگی یاد گرفته بودم باید جستجو کنم و جسور و صبور به جلو حرکت کنم. زمان سفارش تجهیزات تازه فهمیدم چقدر همه چیز در کانادا متفاوت با ایران است و برای دریافت بعضی از سفارشات باید سه تا شش ماه صبر کنم. شرایط ایده‌آل من نبود، اما آموخته بودم که همه‌چیز قابل پیش بینی نیست و باید بحران‌ها را مدیریت کنم. سخت بود، اما توانستم.

یکی از مواردی که از دکتر شهاب اناری آموختم این بود که کمال‌گرایی خودم را کنار بگذارم. قرار نیست همه کارها فوق‌العاده آغاز شوند. پادکست راهی بود که با آن می‌توانستم وارد عرصه صدا بازیگری شوم. انتشار کارم

را با اجرای متن‌های مینیمال با حس‌های مختلف آغاز کردم. گاهی هم شعرهای نو و کلاسیک مورد علاقه‌ام را اجرا می‌کردم. بارها به خودم گفتم قرار نیست در شروع بهترین باشم. قرار این است که خوبِ خودم در هر لحظه و در هر کاری باشم. و از همه مهمتر این است که بتوانم حال دل افرادی را خوب کنم که شبیه من هستند و این است رسالت وجودی من: اشتراک‌گذاری کار خوب. در مدیریت شرکت گردشگری، در تدریس، در مدیریت کلینیک زیبایی و مراقبت پوستی، در پادکستم و شاید هم یک روزی در زمینه بازیگری، (چرا که کلاس‌های بازیگری‌ام را دوباره شروع کردم) هدف من این است که حس و حال خوب را با دیگران به اشتراک بگذارم.

از کودک درونم، یاد گرفتم نه تنها باید تحت‌تأثیر قضاوت دیگران قرار نگیرم، بلکه به قضاوت دیگران هم نپردازم. رویای من برای توسعه کارم تمام نشدنی است. چون هم قدرت ریسک کافی را دارم و هم می‌دانم مدیریت بخشی از وجود من است. آرامش و موقعیت اجتماعی خودم را در ایران رها کردم، بعد از مهاجرت تبدیل به انسانی شدم که برداشت‌های متفاوتی از خودم داشتم. رهاتر و آرام‌تر شدم. تا زمانی که در ایران بودم، زنی در حصار کنترل اجتماعی بودم که باید پیوسته برای برابری می‌جنگید. این حس نابرابری، این جنگ پیوسته، تبدیل به خشم نهفته شده بود. وقتی مهاجرت کردم، رهایی، زندگی و برابری برای من مفهوم یافت. طعم رهایی واقعی را چشیدم و این باعث شد که خشم نهفته درونم کاهش پیدا کند. کوله‌بار سنگین گذشته را زمین گذاشتم و یاد گرفتم بیاموزم. تلاش کردم، در بستر جدید در جایی که نیاز به جنگیدن برای برابری نداشتم، استعدادهای خودم را شکوفا سازم.

خود، جریان باش!

زندگی‌نامه نویسنده

شروین اسفندیاری در رشته روان‌شناسی بالینی و MBA به تحصیل پرداخت. سپس مدارک لازم در زمینه گردشگری و هواپیمایی را کسب کرد و شرکت گردشگری و جهانگردی خود را در استان البرز افتتاح کرد. او تبدیل به مدیر زن جوان و موفقی در زمینه گردشگری شد که عضو انجمن صنفی و سپس عضو هیئت مدیره صنفی استان البرز شد. آژانس او یکی از شرکت‌های خوش‌نام در استان البرز بود. بعد از مدتی به کانادا مهاجرت کرد و پس از گذراندن دوره‌های لازم در کالج، کلینیک زیبایی و مراقبت پوستی خودش را افتتاح کرد. هم‌زمان با تحصیل به شرکت در دوره‌های خودشناسی دکتر شهاب اناری پرداخت. در کلاس‌های بازیگری شرکت کرد، به‌خاطر کرونا و تعطیلی کلاس‌های بازیگری، در دوره‌های صدا بازیگری شرکت کرد. پادکست خودش را به راه انداخت

و اکنــون بــا شــروع دوبــاره کلاس‌هــای بازیگریــش تصمیــم دارد تــا در زمینــه بازیگــری هــم فعالیــت کنــد. شــروین زنــی اســت جــوان، بــا رؤیاهایــی کــه بــاور دارد، انســان بــدون رؤیــا بــه مــرده‌ای متحــرک می‌مانــد. او معتقــد اســت یادگیــری و خودشناســی دو عامــل مهــم در زندگــی هســتند کــه برایشــان تــا زمانی‌کــه حیــات جاریســت، اتمامــی نیســت.

برای کسب اطلاعات بیشتر و ارتباط با شروین اسفندیاری:

@shervin.esfandyari

@oneandonlyclinic

داستان مهارت و توانمندسازی از صفر تا صد در بازارهای مالی

مرجان آشتیانی

داستان مهارت و توانمندسازی از صفر تا صد در بازارهای مالی

مرجان آشتیانی

بمبی که زندگی‌ام را تکه تکه کرد و هر تکه را به گوشه‌ای پرتاب کرد.

هنوز به آن روز که از کارم اخراج شدم، فکر می‌کنم. صبح سه‌شنبه‌ای معمولی بود و مانند همیشه با احساس اعتماد به نفس سر کار رفته بودم و وارد جلسه کاری شدم. بیش از ده سال بود که در آنجا کار می‌کردم. در محل کار ارتقای شغلی پیدا کرده‌بودم و چندین پروژه مهم را به‌خوبی به اتمام رسانده بودم و فکر می‌کردم که امنیت کاری دارم. هم‌زمان در دانشگاه نیز دانشجوی ممتاز دوره فوق لیسانس شده‌بودم و خودم را برای پروژه‌های جدید و چالش‌های بزرگ‌تر آماده می‌کردم.

وقتی به جلسه وارد شدم، به من گفتند که به جلسه با مدیر فراخوانده شدم. خواستم پس از پایان جلسه بروم ولی تماس گرفتند که باید در همان لحظه بروم. مدیرم بدون هیچ توضیحی اعلام‌کرد که باید استعفا بدهم و کارم را ترک کنم و پس ازآن هم به‌دلیل تعارض منافع، در آن حوزه اجازه کار ندارم. بعدها فهمیدم که یک سوء تفاهم کاری و این موضوع که من تنها خانمی بودم که به آن سطح شغلی رسیده‌بودم، دست به‌دست هم داده‌بود و منجر به این اتفاق شده بود. این‌ها را بعدها فهمیدم اما در آن لحظه حس می‌کردم که یک بمب درون زندگی من منفجر شده‌است و تکه تکه وجودم را به اطراف پرت کرده است.

شوکه و بهت زده‌بودم. گویی بعد از انفجار، هنوز صدای انفجار در گوشم بود و خلأ سنگینی مرا احاطه کرده بود، آن‌قدر همه‌چیز تکه تکه شده

بود که نمی‌دانستم از کجا باید شروع کنم. بیکار شده‌بودم و آینده‌ام تاریک و نگران کننده به‌نظر می‌رسید.

در روزهای اول، نتوانستم خودم را برای انجام هیچ‌کاری قانع کنم. در وضعیت افسردگی بودم و نمی‌دانستم چگونه باید به جلو حرکت کنم. چیزی مدام در مغزم می‌گفت باید به خودم بیایم و به‌دنبال راه جدیدی برای ادامه زندگی بگردم. با این وجود، اوضاع بدتر و بدتر می‌شد. شغل‌هایی به من پیشنهاد می‌شد اما به نظر مناسب نمی‌آمدند. یکی از آنها را امتحان کردم، اما احساس گرفتاری و خفگی داشتم. گویی کفشی تنگ به پا کرده‌بودم. نه می‌توانستم راه بروم و نه پیشرفت کنم. عادت کرده‌بودم که بی‌هدف در خیابان‌های شهر قدم بزنم و فکر کنم و دوباره فکر کنم که چگونه و از کجا از صفر مطلق شروع کنم. به این نتیجه رسیدم که باید با قدم‌های کوچک شروع کنم.

از ترس تا رهایی

من در خانواده‌ای باثبات و از طبقه متوسط، بزرگ شدم؛ خانواده‌ای که برای سخت‌کوشی، نظم و اعتماد ارزش زیادی قائل بودند. والدینم اهمیت پیروی از قوانین، محافظه‌کار بودن و اجتناب از خطرات را برای من به مثابه اصولی اساسی ترسیم کرده‌بودند. سال‌ها بود که گویی از کنار زمین تماشا می‌کردم دیگران چگونه رؤیاهای خود را دنبال می‌کنند. هم دوست داشتم که به‌دنبال رویاهایم بروم و هم می‌ترسیدم. سبک میانه‌ای از ریسک در محدوده‌ای تعریف شده داشتم. وقتی به‌طور غیرمنتظره‌ای مجبور به ترک شغلم شدم، شرایط کاملاً تغییر کرد. زمانی‌که بدون درآمد و با چشم‌اندازی نامشخص محل کارم را ترک کردم، ترس عمیقی وجودم را فرا گرفت. با گذشت روزها و هفته‌ها، آرام آرام شروع کردم به حس کردن مخمصه‌ای که در آن گرفتار شدم، مخمصه‌ای که خود فرصتی برای شروع

کاری جدید و به‌دست گرفتن سرنوشت خودم بود.

سرانجام تصمیم گرفتم که بنشینم و خودم را ارزیابی کنم. تمامی ارزش‌ها، اهداف و آرزوها، توانمندی و مهارت‌ها، نقاط قوت، ضعف و علاقه‌های خودم را یادداشت کردم. وضعیتم و نقطه‌ای که در زندگی‌ام قرار داشتم را مرور نمودم به این فکر کردم که به کجا بروم و چه کارهایی برای رسیدن به اهدافم انجام دهم. مصمم بودم که مسیری بیابم که با تکیه‌بر مهارت‌هایم، به موفقیت و رضایت کامل منجر شود. می‌خواستم کنترل آینده‌ام را در دست بگیرم و تحت‌تأثیر عوامل خارجی مانند تصمیم کارفرما یا اتفاق‌های خارج از کنترل تا حد امکان قرار نگیرم.

می‌دانستم که می‌خواهم انرژی‌ام را در مهارتی سرمایه‌گذاری کنم که نه‌تنها من را خوشحال و راضی کند، بلکه در هر شرایطی برای من درآمد به‌همراه داشته‌باشد. برایم واضح بود که مهارت‌ها در درون من شکل می‌گیرند و هیچ‌کس و هیچ‌چیز آنها را از من نخواهد گرفت. فهرستی از شغل‌های مبتنی بر مهارت را بررسی کردم و به دنبال سنجه‌های رضایت‌مندی خودم که خدمت، فرصت‌های رشد، ارتباطات و آسایش بود، گشتم. در آن روزها، وقتی با عجله به‌دنبال کارهای پایان نامه‌ام بودم، آگهی کلاسی برای تحلیل تکنیکال بازارهای مالی را در فضای جلوی دانشکده دیدم. انگار چراغی برایم روشن شد، کنجکاو شدم و شروع به بررسی دقیق‌تر صنعت معاملات (ترید) کردم. به‌تدریج متوجه شدم که هر چهار معیار من در آن امتیاز بالایی دارند. به این نتیجه رسیدم که تعادل این چهار عامل در زندگی و کار من تأثیر مفیدی دارد و مطمئن شدم که مسیرم را پیدا کرده‌ام.

تبدیل شدن به معامله‌گر (تریدر) تمام‌عیار

مایک تایسون می‌گوید «در هر مبارزه، هر دو طرف نقشه‌ای برای دیگری

دارند تا این که اولین مشت به‌صورتت بخورد». در آن زمان دیگر برنامه قبلی مهم نیست، بلکه مهم این است که با استفاده از مهارت و توانایی‌هایت ادامه بدهی. پس من هم به خودم یادآوری کردم که برای بالا بردن مهارت‌ها و توانایی‌هایم باید زمان و انرژی کافی را به‌موقع و به‌اندازه صرف کنم تا به نتیجه دلخواه برسم. آستین‌هایم را بالا زدم و وارد گود بازی معامله‌گری شدم. با صد دلار شروع کردم. ساعت‌های بی‌شماری را صرف مطالعه منابع، کتاب‌ها و مقالات و پژوهش در مورد بازارها، بررسی نمودارها و تجزیه و تحلیل روندها کردم. با وجود تمام مسئولیت‌های زندگی، محدودیت‌های بسیار در دسترسی به منابع و بعضاً بازخوردهای دلسرد کننده برخی از اطرافیانم، به تلاش بی‌وقفه خودم ادامه دادم.

نگه‌داشتن امید کار ساده‌ای نیست. به دشواری می‌توانستم تاریکی تونل را نادیده بگیرم و به نور انتهای آن فکر کنم. مصمم بودم که مسیرم را به نتیجه برسانم و می‌دانستم باید با عزم و استمرار خودم به موفقیت برسم. پستی و بلندی‌های بسیاری را تجربه کردم و استراتژی‌های معاملاتی مختلفی را آزمایش کردم. سعی کردم راهبردی را پیدا کنم که بهترین کارکرد را برای من داشته باشد. سرانجام توانستم سبک مبتنی بر مهارت و هنر مدیریت ریسک و استراتژی معاملاتی بی‌همتا برای خودم داشته باشم.

در این مسیر به اهمیت خودآگاهی و هوش هیجانی در معامله‌گری پی بردم. یاد گرفتم موفقیت در معامله‌گری فقط به تخصص فنی یا دانش مالی مربوط نمی‌شود؛ بلکه به درک عمیق خویش و حالات عاطفی و روانی ما نیز مربوط می‌شود. تأمّل در خویش، خودآگاهی و نظم و انضباط را تبدیل کردم به روتینی که نمی‌بایست از آن جدا شوم، حتی اگر به قیمت کمتر خوابیدن و بیشتر کار کردن در زمان‌های نامتعارف برایم تمام می‌شد.

از مادر تا تریدر تا منتور: با هم رشد کردن در بازارهای مالی

همان‌طور که عمیق‌تر در دنیای معامله‌گری، از کار گرفته تا آموزش، غوطه‌ور می‌شدم، مورد قابل توجهی کشف کردم: چالش‌های معامله‌گری تبدیل به سفری فراتر از خودیابی و رشد شخصی شده بود. به‌دنبال چیزی بزرگ‌تر بودم: ایجاد تأثیر مثبت بر جامعه معامله‌گران اطرافم. مشتاق به اشتراک گذاشتن دانش و تجربه خود با دیگرانی بودم که شاید در همین راه با مشکل مواجه باشند. در همان زمان، شروع کردم به آموزش معامله‌گران تازه‌کار. شاگردانم شخصیت‌های بسیار متنوع و جذابی داشتند. از صبور و مسلط بر هیجانات خود گرفته تا عجول و هیجان‌زده. برای هرکس باید معلمی متناسب با ویژگی‌های شخصیتی او می‌شدم.

به این نتیجه رسیدم که هرکس که عاشق کار خود است، به سبک خود کار می‌کند و به‌تدریج جنبه‌های جدیدی از قابلیت‌ها و همچنین آسیب پذیری‌های خود را کشف می‌کند. مفاهیم و تعاریف قبلی از شکست و موفقیت برای او هر روز تغییر می‌کند و با سرعت زیاد تغییرها در دنیای ترید، باید بر هر دو جنبه نو به نو شدن توانایی‌ها و خطرات آگاه باشد و با دانستن بی‌نظیر بودن خود و غیر تکراری بودن بازار، از روش‌ها و استراتژی‌های جدید استفاده کند. براساس تجربه شخصی می‌دانم که شروع دنیای معامله‌گری چقدر می‌تواند دشوار باشد و متعهد هستم که به دیگران کمک کنم تا استراتژی و برنامه شخصی خود را بنویسند، ارزیابی کنند و با اطمینان و موفقیت در پیچیدگی‌های بازار حرکت کنند و برنده شوند.

تا روش شکست خوردن را فرا نگیریم، موفق نمی‌شویم.

در دنیای معامله‌گری، شکست فقط یک احتمال نیست؛ بلکه امری

اجتناب‌ناپذیر است. پژوهش‌ها نشان دادند که افراد در زمان شکست، از دست دادن‌های بزرگتری را نسبت به بردها تجربه می‌کنند. اما من به‌جای این که شکست را شکست بدانم، یاد گرفتم که شکست و پیروزی را دوباره معنا کنم و شکست را به‌عنوان فرصتی برای رشد و یادگیری ببینم. برای این مهم، از مسیر ناکامی‌هایم، تاب‌آوری و اراده‌ای را به‌وجود آوردم که حتی در سخت‌ترین زمان‌ها نیز در طوفان آرام بودم. یاد گرفتم بعد از باخت چطور خودم را آرام کنم، از اشتباهاتم درس بگیرم و قوی‌تر و مصمم‌تر از همیشه به بازی برگردم.

وقتی به شاگردانم معامله‌گری می‌آموختم، مانند یک مادر حواسم به تمام رفتارها و احساساتشان بود؛ اما همانند معلم با حوصله آن‌ها را وادار می‌کردم بنویسند، عمیق فکر کرده و خودشان را تحلیل کنند تا این‌که در مسیر شناخت خویش موفق شوند. به آنها یادآوری می‌کردم که باور کنند که در این مبارزه، در بلند مدت، برنده هستند و اگر گاه به هر دلیلی شکست می‌خورند، به جای شک‌کردن به توانایی‌های خود، باید به یاد بیاورند که بازی هنوز تمام نشده است. موفقیت در ترید نیز در گرو این است که بدانیم بالا و پایین شدن بازار نباید همراه با بالا و پایین شدن عواطف و روحیات ما باشد. در تمام این راه، همواره بر اهمیت پذیرش منحصربه‌فرد بودن خود و توسعه سبک و استراتژی معاملاتی که متناسب با نیازها و اهداف شخصی‌ام بود، متمرکز ماندم. متوجه شدم که هیچ نسخه یکسانی برای همه وجود ندارد و موفقیت در بازارها از درک خویشتن و مزیت بی‌همتای خود ما سرچشمه می‌گیرد.

همسفران به‌اندازه استراتژی‌ها مهم هستند.

هیچ‌کس جزیره‌ای نیست و این قطعاً در دنیای معامله‌گری نیز صادق است. یکی از مهم‌ترین درس‌هایی که یاد گرفتم اهمیت همسفران در

دنیـای معاملـه‌گری بـود. معاملـه‌گری می‌توانـد کار انفـرادی و منـزوی باشـد، امـا توانسـتم بـا ارتبـاط بـا معامله‌گـران دیگـر، از تجربیـات و بینـش آن‌هـا بیامـوزم و شبکه‌ای بـرای خـودم و دیگـران ایجـاد کنـم. حـال دیگـر تنهـا نبـودم. شـاگردان، دوسـتان و شبکـه‌ای داشـتم کـه بـا هـم کار می‌کردیـم، از هـم یـاد می‌گرفتیـم، به‌هـم می‌آموختیـم و بـا هـم در سـفر بودیـم. در ایـن سـفر همگـی بـا چالش‌هـا و شکسـت‌های زیـادی روبـه‌رو می‌شـدیم. معامله‌گـری می‌توانـد مثـل تـرن هوایـی پـر هیجـان باشـد، بـا اوج و فرودهـای ناگهانـی کـه می‌توانـد حتـی بـا تجربه‌تریـن معامله‌گـران را درگیـر کنـد. امـا بـا توسـعه هـوش هیجانـی و نظـم و انضبـاط، می‌توانسـتیم حتـی در چالـش برانگیزتریـن مواقـع متمرکـز و ثابـت بمانیـم. ایـن گونـه تحمـل سـختی‌ها بـا حمایـت گروهـی آسـان‌تر می‌شـوند و موفقیت‌هـا بـا حضـور آنـان شیرین‌تـر.

همان‌طـور کـه در ایـن حرفـه بـه رشـد و تکامـل ادامـه می‌دادم، کـم کـم به‌عنـوان رهبـر فکـری و مبتکـر در صنعـت مالـی شـناخته شـدم. از مـن بـرای سـخنرانی در کنفرانس‌هـا و رویدادهـا دعـوت شـد و بینـش و تخصـص مـن به‌مـرور زمـان توجـه معامله‌گـران و سـرمایه‌گذاران بسـیاری را جلـب کـرد. بـا وجـود تمـام موفقیت‌هـا و دسـتاوردهایم، هرگـز اهمیـت تواضـع و شـکرگزاری را از دسـت نـدادم. عمیقـاً به‌خاطـر فرصت‌هایـی کـه بـه مـن داده شـده بـود سپاس‌گزارم و متعهـد شـده‌ام کـه از موفقیتـم بـرای ایجـاد تأثیـر مثبـت بـر هم‌سـفرانم اسـتفاده کنـم.

سفری منحصربه‌فرد

وقتـی بـه سـفرم در گذشـته نـگاه می‌کنـم، از این‌کـه چقـدر جلـو آمـده‌ام شگفت‌زده می‌شـوم و بـه مـن جدیـدی کـه سـاخته‌ام، افتخـار می‌کنـم. امـروز مشـتاق هسـتم کـه بـه ایـن سـفر خودشناسـی ادامـه دهـم تـا بـه دیگـران کمـک کنـم. مـن می‌توانـم بـه کسـانی کـه شکسـت‌های بزرگ خورده‌انـد یـا کسـانی

که مرتباً شکست‌های کوچک داشته‌اند کمک کنم تا ادامه دهند و به موفقیت خودشان برسند و از این طریق تأثیر مثبتی بر دنیای اطرافم بگذارم. دنیای معامله‌گری ممکن است چالش‌برانگیز و پیچیده باشد؛ اما معتقدم هر کسی با کار سخت، جسارت، فداکاری و تعهد به خودسازی، می‌تواند به موفقیت دست یابد.

به هرکس که در این راه گام می‌نهد توصیه می‌کنم که مسیر کاری یا زندگی خود را ریل‌گذاری نکنید، بلکه بسترسازی کنید. با ساختن بستری که بر اساس قوت‌ها و استعدادهای منحصربه‌فرد شما است، قادر به سازگاری با تغییرات خواهید بود و در طول مسیر حرفه‌ای و زندگی خود، به رشد و تکامل ادامه خواهید داد. بر اساس تجربیات سایر افراد عمل نکنید بلکه عدم تعادل خود را پیدا کنید و لبه معاملاتی خود را بسازید و متمایز باشید. در پایان، باید زخم‌هایمان را دوست داشته‌باشیم، آنها خاطرات مبارزات، توانایی‌ها، مقاومت و چالش‌هایی هستند که پشت‌سر گذاشتیم. آنها به سایرین یادآوری می‌کنند که برای خواسته هایشان همانند ما بجنگند.

داستان مهارت و توانمندسازی از صفر تا صد در بازارهای مالی

زندگی‌نامه نویسنده

مرجان آشتیانی دکترای مدیریت کسب و کار دارد و تحلیل‌گر و معامله‌گر فارکس است. او روش معاملاتی 3T 3RSI را توسعه داده و به‌مدت ده سال است که این روش را تدریس می‌کند. علاوه بر این، سال‌ها در زمینه برنامه‌نویسی شبکه نیز فعالیت کرده است.

پس از فارغ‌التحصیلی از رشته مهندسی عمران در سال ۲۰۰۷، به‌دنبال علاقه حقیقی خود در رشته مدیریت رفت و تحصیلات تکمیلی خود را در مدیریت اجرایی ادامه‌داد. در این مقطع نیز با نمره عالی فارغ‌التحصیل شد. در بین سال‌های ۲۰۰۹ تا ۲۰۱۶، مرجان تجربه‌های گران‌قدری را در کار با شرکت‌های بزرگ به‌دست‌آورد. در همین دوران، توجه او به‌سمت بازار فارکس جلب شد و تمام تلاش و تخصص خود را به آن اختصاص داد.

مرجان با اندوخته‌های فراوان از دانش و مهارت‌های متنوع، بیش از

چهارده‌هـزار سـاعت محتـوای آموزشـی ارائـه داده و ایـن نشـان از تعهـد او بـه تدریـس و ترویـج معامــلات بـدون دخالـت احسـاس و مبتنـی بـر منطـق دارد. او هدف‌گـذاری کـرده اسـت کـه سـاعات تدریـس خـود را بـه دوهـزار سـاعت در سـال افزایـش دهـد، تـا تجـارب یادگیـری شـخصی و ویـژه‌ای بـرای هـر دانشـجو فراهـم کنـد. او شـیوه‌ای منحصربه‌فـرد از روش 3T 3RSI را بـرای هـر دانشـجوی خـود توسـعه می‌دهـد و ویژگی‌هـای آن را براسـاس نـوع شـخصیت، ویژگی‌هـای روان‌شـناختی و اسـتراتژی‌های معاملاتـی آنهـا شخصی‌سـازی می‌کنـد.

مرجـان بـا مخاطبـان خـود در رسـانه‌های اجتماعـی به‌طـور فعالانـه ارتبـاط برقـرار می‌کنـد و وقـت خـود را صـرف ایجـاد محتـوای ارزشـمند بـرای مبتدیـان معامــلات مالـی می‌کنـد. هـدف اصلـی او کمـک بـه افـرادی اسـت کـه وارد بازارهـای مالـی می‌شـوند، بـه آنهـا کمـک می‌کنـد تـا انگیـزه داشته‌باشـند و سـودهای فراتـر از انتظـارات خـود را به‌دسـت آورنـد.

مرجـان در بیـش از سـی طـرح ملـی و پـروژه بـزرگ، از جملـه برنامه‌هـای تله‌کنتـرل خودروهـای خـودران، پیاده‌سـازی راهکارهـای GIS بـرای چندیـن بنـگاه سرشـناس و ایجـاد دفاتـر مدیریتـی بـرای چندیـن صنـدوق سـرمایه‌گذاری مشـارکت کـرده اسـت.

افـزون بـر دسـتاوردهای حرفـه‌ای و کاری، مرجـان مـادری مهربـان اسـت کـه قسـمت مهمـی از روز خـود را بـه وقت‌گذرانـدن بـا دختـر کوچکـش اختصـاص داده اسـت.

بـرای ارتبـاط بـا مرجـان، می‌توانیـد کانال‌هـای شـبکه‌های اجتماعـی او را دنبـال کنیـد.

@lunariafx

lunariafx @gmail.com

با مهارت در زندگی سفر کنیم

مریم بهنژاد

با مهارت در زندگی سفر کنیم.

مریم بهنژاد

آرزوهایت را دنبال کن

دوشنبه بود و مانند همیشه، روز پرکار و شلوغی را در محل کارم می‌گذراندم. در حالی‌که مشغول انجام کار بودم، به‌طور مکرر لرزش موبایل درون جیبم را حس می‌کردم. زمان نهار، به موبایلم نگاه کردم و پیام ناهید، دوستم را شنیدم که خبر خوبی برایم دارد. پس از اتمام کار، مشتاقانه با ناهید تماس گرفتم. ناهید به من گفت که در پروژه نوشتن کتابی جدید شرکت کرده است و فکر می‌کند برای من هم که همیشه عاشق به اشتراک گذاشتن تجربیات و دانشم هستم، خوب است در این کار مشارکت داشته باشم. پاسخم در لحظه اول، یک نه محکم بود که بیشتر از محدودیت‌های زمانی و مالی ناشی می‌شد. اما پشت آن نه محکم، یک دنیا داستان و تجربه بود که تنها به‌دنبال فرصتی برای گفته شدن می‌گشت. دو سال پیش از نوشتن هراس داشتم، اما پس از به تحریر در آوردن داستان زندگی و ورود به دنیای کوچینگ در فصل هیچ‌چیز ابدی نیست، در کتاب واقعیت‌های جدید، قوانین جدید، نوشتن برایم جذاب شد. ظرف چند ساعت تصمیم گرفتم که بنویسم؛ چطور به یکی از آرزوهای زندگی خود رسیدم.

آغاز سفر

از همان کودکی علاقه من به کتاب و کتاب‌خوانی شکل گرفت. پدرم، کارمند شرکت نفت بود و عاشق کتاب‌خوانی و مادرم هم صاحب کتاب‌فروشی بود. خانه ما همیشه مملو از کتاب و روزنامه بود. همسر عمه‌ام مدیر دبیرستان بود و در خانه آنها نیز کتاب‌خانه بزرگی پر از کتاب‌های روان‌شناسی و فلسفی وجود داشت. در آن زمان نوجوان بودم و در

کتاب‌خانه آنها که بهشت من بود، در میان کتاب‌های روان‌شناسی غرق می‌شدم. از خوشحالی نمی‌دانستم کدام کتاب را بخوانم و سعی می‌کردم در مدت کوتاهی که داشتم کتاب‌های بیشتری را بخوانم. تشویق‌های خانواده این عشق را در من شعله‌ورتر می‌کرد.

با این علاقه به روان‌شناسی و روان‌کاوی، علاوه بر مطالعه کتاب‌های روان‌شناسی، ویدئوهای روان‌شناس‌های بزرگ و معروف دنیا را نگاه می‌کردم و لذت می‌بردم. با عشق به دانستن این که: که هستم؟ و خصوصیات اخلاقی و رفتاری من چیست؟ نزد روان‌شناس می‌رفتم. با بالا رفتن سنم، علاقه من به خودشناسی و شناخت توانایی‌ها و قسمت‌های ناشناخته وجودم هر روز بیشتر و بیشتر می‌شد.

اما در عین علاقه به بحث‌های روان‌شناسی، از مباحث مربوط به بیماری‌های روحی و روانی دوری می‌کردم. همیشه به‌دنبال راه حلی بودم که چگونه: افسرده نشویم، اضطراب نگیریم، دچار حملات پانیک نشویم. لازمه این‌ها به نظرم این بود که در مراحل سخت، قدرت تصمیم‌گیری بهتر داشته‌باشیم و خود را بهتر بشناسیم. سؤال‌های بسیار و راه حل‌های مختلف همیشه ذهنم را درگیر می‌کرد. دوست داشتم بزرگ فکر کنم، وسیع ببینم و تأثیرگذار باشم. اما همیشه گویی در این میانه چیزی کم بود و این پازل، چند تکه گم شده داشت.

تحقق آرزوها

دوران پاندمی کوید ۱۹، زمانی‌که همه دنیا در تاریکی و خاموشی فرو رفت، زمانی‌که افراد بسیاری در خانه‌های خود در قرنطینه بودند و در ترس و نگرانی به سر می‌بردند، برای من نقطه آغاز بود. در رسانه‌های اجتماعی کلاس‌ها و دوره‌هایی را یافتم که هرگز از وجود آنها خبر نداشتم. کنجکاو بودم، اما نمی‌دانستم از کجا باید شروع کنم. همین زمان، نقطه شروع

رشد و توجه من به خودم شد. برای یافتن دوره مناسب، عمیقاً در خودم جستجو کردم. شروع به نوشتن نقاط ضعف و قوت خودم کردم. فهمیدم کجا عملکرد خوبی دارم و در چه قسمت‌هایی نیاز به بهتر شدن دارم. ذهنم نظم و ترتیب گرفته بود، ولی باز هم نیاز به‌کمک داشتم. در آن برهه زمانی نمی‌دانستم چه کسی می‌تواند به من کمک کند.

بالاخره با تحقیقات و جستجوی زیاد فهمیدم از چه کسی می‌توانم کمک بگیرم و کدام دوره برای من مناسب است. در چه بستری این آموزش باید شکل بگیرد. عنوان آن فرد متخصص، کوچ بود، اما درک کاری که می‌خواست انجام بدهد، برای من سخت و از طرفی جدید بود. بسیار کنجکاو بودم که در این مورد بیشتر بدانم. در ادامه مسیر متوجه شدم، برای شناخت خود و تبدیل شدن به نسخه بهتر خودم نیاز به دوره‌های رشد فردی دارم.

این شد که با عشق و هیجان وصف ناپذیری شروع کردم. اولین مبحث، در مورد هفت سطح آگاهی بود. آن‌قدر خوش حال بودم که هرچه را فرا می‌گرفتم به بقیه آموزش می‌دادم. کم‌کم متوجه شدم که به‌راحتی با مسائل روزمره و مشکلاتی که قبلاً مرا مستاصل می‌کرد برخورد می‌کنم. در عین این‌که آرامش داشتم، آرامشم را هم به سایرین منتقل می‌کردم. خیلی خوشحال بودم که می‌توانستم علاوه بر خودم، حال خانواده و اطرافیانم را هم بهتر کنم. آرامشم بر تُن صدایم هم تأثیر گذاشته‌بود. با انرژی ولی آرام، صحبت می‌کردم. هر لحظه یاد می‌گرفتم و با آنچه یاد گرفته‌بودم، زندگی می‌کردم، شادتر بودم. مزیت دوره آموزشی با کوچ این بود که پشتیبانی ماهانه داشتم و همیشه یک فرد وجود داشت که جواب سؤال‌هایم را بدهد.

اولین دوره آموزشی حدود یک سال طول کشید و در طول این یک سال

به‌معنای واقعی زندگی پی بردم. کم‌کم با مبحث جدید کوچینگ آشناتر شدم. برای این‌که بدانم که کوچ چه کسی هست و چه می‌کند، ویدئوهای زیادی دیدم و متوجه شدم این دقیقاً همان چیزی است که سالیان سال به دنبال آن بودم. زمانی توانستم علاقه‌ام را بیابم که خودم را بهتر شناختم. بالاخره تصمیم خودم را گرفتم و برای شرکت در دوره آموزشی ثبت نام کرده و شروع به یادگیری مهارت کوچینگ در مؤسسه‌ای در کانادا کردم. چون در سوئد زندگی می‌کنم، در کلاس‌های آنلاین شرکت کردم. فصل تازه‌ای از زندگی آغاز شد.

سفر به اعماق زندگی

با یادگیری مهارت کوچینگ با دنیای جدیدی روبه‌رو شدم. حس من شبیه این بود که پرده‌ای ضخیم از روی چشم‌ها و ذهنم برداشته شده و با دید کاملاً متفاوتی به دنیای اطرافم نگاه می‌کردم. شوق یادگیری آن‌قدر در من زیاد بود که همیشه، حتی در زمان بیماری هم در کلاس‌ها شرکت می‌کردم. مهم‌ترین درسی که فرا گرفتم این بود که کوچینگ سفری عمیق به درون خود، شناخت خود، شناخت توانایی‌ها و کمبودهایی است که در وجود ماست. تکنیک‌های کوچینگ برایم مانند آینه‌ای بود که می‌توانستم خودم را بی‌هیچ کم و کاستی ببینم. در مقابل این آینه می‌توانستم با خودم حرف بزنم بی‌آنکه قضاوت یا سرزنش شوم. کسی که هدایت کننده جلسه شناخت من با خودم بود، کوچ بود. او ماهرانه همانند کاپیتانی که کشتی را در دریای مواج به‌راحتی هدایت می‌کند تا غرق نشود و به ساحل برسد، من را نیز با مهارت از دریای خروشان ناآگاهی به ساحل شناخت خودم هدایت می‌کرد. این شناخت برایم بسیار مهم بود؛ چون به‌خاطر نداشتن همین شناخت، موقعیت‌های بسیاری را از دست داده بودم و آسیب‌های زیادی خورده‌بودم.

یکی از زیباترین قسمت‌های جلسات کوچینگ، گوش دادن به صحبت‌های طرف مقابل است. مهارتی که واقعاً احتیاج داشتم. آموختم که زمانی‌که فردی صحبت می‌کند، عمیقاً و با کمک از حس ششم گوش بدهم، بشنوم و به احساساتی توجه کنم که در ورای آن صحبت‌هاست. گاهی انسان‌ها حرف نمی‌زنند که کسی کاری برای آنها انجام دهد، بلکه فقط دوست دارند شنیده شوند و احساساتشان را بیان کنند. من نیز این تجربه را زیاد داشتم که دلم می‌خواست با کسی حرف بزنم که فقط با گوش جان به حرف‌هایم گوش بدهد.

مهارت جالب دیگر، سکوت است. من فرا گرفتم که چقدر زیبا می‌شود با سکوت آدم‌ها را شنید و با سکوت با آنها حرف زد. در سکوت می‌شود به دنیای فکر آدم‌ها راه پیدا کرد، احساسات‌شان را شنید، باورهای‌شان را فهمید و ارزش‌های‌شان را درک کرد.

اما نقطه عطف جلسه کوچینگ زمانی است که کوچ فقط با استفاده از دو کلمه «دیگه چی؟» انقلابی را درون شخص به وجود می‌آورد که منتهی به برون‌ریزی کامل شخص می‌گردد. این دو کلمه آنچه را که باید از درون اعماق ذهن فرد بیرون می‌کشد و آن چیزی که همیشه برایش مجهول بوده و دنبال چرایی آن می‌گشته، را پیدا می‌کند. آنجاست که انقلاب درونی و روشن شدن چراغ‌های ذهن پدیدار می‌شود. آن لحظه، چشم‌های شخص مقابل از خوشحالی برق می‌زنند وبا خوشحالی می‌گوید «خدای من، چرا تا الان متوجه نشده بودم.» و این معجزه کوچینگ است.

یکی دیگر از مهارت‌های کوچینگ که بسیار در زندگی روزمره من تأثیر گذاشت، مهارت پرسیدن سؤال است. این مهارت، کلید تمام درهایی است که پشت آنها پر از ناشناخته‌هاست. پرسیدن سؤال به معنی کنجکاو بودن، قضاوت نکردن و همدلی کردن است. هر دو نفر در یک سطح هستیم و

هیچ‌کدام ما برتر از دیگری نیست. این مهارت به زیبایی می‌تواند ما را به دنیای شگفت‌انگیز پر از آگاهی وارد کند.

پیش از این که این مهارت‌ها را یاد بگیرم، همیشه در صحبت با دیگران ترسی را در وجود خود حس می‌کردم. این ترس مرا از صحبت پشیمان می‌کرد. اعتماد به نفس خودم را از دست می‌دادم. همیشه هراس داشتم که شخص مقابل برداشت اشتباهی از صحبتم بکند، یا نتوانم منظور خودم را بیان کنم و یا متوجه منظور شخص مقابل نشوم و سوءتفاهم پیش بیاید. با یادگیری این تکنیک‌ها و به‌ویژه سؤال کردن، مشکلات ارتباطی من بر طرف شد. دیگر می‌دانستم چگونه با دیگران صحبت کنم و با سؤال پرسیدن، می‌توانستم به دنیای ناشناخته شخص مقابلم هم، سفر کنم، سوار بر سفینه دید و آگاهی و باور آن شخص بشوم، عینک او را بر چشم بزنم و کفش‌هایش را بپوشم و همراه با خاطرات و تجربیات او در دنیای او پرواز کنم. دیگر می‌توانستم جهان اطراف و انسان‌های دیگر را از نگاه او ببینم. بتوانم سری هم به دنیای احساسات او بزنم و من هم احساسات او را احساس کنم. خدای من چه سفر خارق‌العاده‌ای، سفری که تمام هزینه‌اش فقط چند سؤال قدرتمند بود. با یادگیری این مهارت‌ها، ارتباطاتم با اطرافیانم بهتر و پربارتر شد.

یک قدم نزدیک‌تر

با آگاهی که از خودم در جلسات کوچینگ به‌دست آوردم، توانستم توانایی‌ها و علایق‌ام را بهتر و عمیق‌تر بشناسم. آموختن مهارت کوچینگ برای من مثل بازی بود که در آن همیشه برنده هستم. من، هم خودم آموزش دیدم و انسان متفاوتی شدم و هم مهارتی یاد گرفتم که می‌توانم با آن شغلی داشته باشم که در هر کجای دنیا کسب درآمد کنم. شغلی که در جهت بهبود حال دیگران باشد. ولی باز هم سفر یادگیری و شناخت من

ادامه دارد. گام بعدی در این دنیای پهناور، آموزش دیدن به‌عنوان مدرس بین‌المللی رشد فردی بود تا بتوانم علاوه بر مهارت کوچینگ و کوچ بودن، مهارت‌های شناخت خود را نیز به دیگران آموزش بدهم. حالا که در دنیای مراجعینم سفر می‌کنم متوجه می‌شوم در چه زمینه‌هایی احتیاج به‌کمک دارند و با کمک در بهبود کدام مهارت می‌توانم تأثیر مثبتی بر زندگی آنها داشته باشم تا حس رضایتمندی و ارزشمندی را در وجود آنها تقویت کنم.

خود واقعی‌ات را پیدا کن.

در آخر باید تأکید کنم که زندگی من از وقتی شکوفا شد که فهمیدم، نمی‌دانم. وقتی رشد می‌کنیم که متوجه می‌شویم بلد نیستیم. زمانی‌که با خود صادق هستیم و از بیان این که کم می‌دانیم یا اصلاً نمی‌دانیم خجالت زده نمی‌شویم، آنگاه برای بهبود و ایجاد تغییر اقدام می‌کنیم.

همیشه آرزو داشتم وقتی که دفتر زندگی‌ام را ورق می‌زنم، صفحات آن پر از تجربه و دانش و آگاهی باشد. اکنون حس می‌کنم که به آرزویم نزدیک شده‌ام، هر چند که هنوز جوان هستم و راه دور و درازی برای کسب مهارت‌های بیشتر در پیش دارم. زندگیم هنوز برای ورق زدن جا دارد.

اهمیت خودشناسی در این است که انسان را به خردی نزدیک می‌کند که انسان، نه برای چسبیدن به زندگی آن‌قدر هیجان‌زده می‌شود و نه برای رهاسازی زندگی آن‌قدر غم‌زده می‌شود. انسان، تعادلی زیبا را تجربه می‌کند که هم برای خودش سودمند است و هم می‌تواند برای دیگران و جامعه‌ای که در آن زندگی می‌کند، اثر بخش باشد.

پذیرش چه چیز عجیبی است. به‌محض این که می‌پذیری، چقدر همه‌چیز سهل و آسان می‌شود. وقتی می‌پذیری که نمی‌دانی و به‌خاطر ندانستن

چقدر زندگی را بر خود و دیگران سخت کرده‌ایم، آنجاست که زمان جبران فرا می‌رسد. مگر همه ما خواهان آرامش و خوشبختی نیستیم؟ پس اول باید بپذیریم که نمی‌دانیم، بعد برای دانستن اقدام کنیم. هیچ انسان خردمندی بدون یادگرفتن مهارت رانندگی سوار بر اتومبیل نمی‌شود و با نهایت سرعت در بزرگراه رانندگی نمی‌کند، چون پذیرفته است که این مهارت را ندارد. پس برای امنیت و رفاه خود و دیگران آموزش می‌بیند. حال چگونه می‌شود که در بزرگراه پر هیاهوی زندگی بدون مهارت و آگاهی لازم، پر سرعت حرکت می‌کنیم و هم به خودمان و هم به دیگران آسیب می‌زنیم.

هر انسانی در این دنیا رسالتی دارد. بیایید آرام باشیم و به درون خودمان عمیقاً توجه کنیم. به علایق، توانایی‌ها و آرزوهای خودمان توجه کنیم، در رویدادهای بزرگ زندگی دقیق شویم. هر اتفاقی در زندگی حاوی معنا و رازی در مورد ما است. معنای وجودی و خود واقعی ما در میان این اتفاق‌ها نهفته‌است. باید خود را پیدا کنیم. اگر می‌خواهیم اطرافیان را بهتر بشناسیم، اول باید خود را بشناسیم. اگر می‌خواهیم در کسب و کار موفق شویم، اول باید خود را بشناسیم. پیش از ازدواج، باید خود را بشناسیم. برای رهایی از غم و اندوه درونی و تجربه شادی واقعی، باید خود را بشناسیم. خودشناسی نقطه شروع هر کاری است و خبر خوب این که تمام این اتفاق‌های خوب در کنار کوچ با مهارت در جلسات کوچینگ امکان‌پذیر است. امیدوارم شما که خواننده این فصل هستید، از معجزه کوچینگ در بهبود زندگی خود استفاده کنید.

با مهارت در زندگی سفر کنیم

زندگی‌نامه نویسنده

مریم بهنـــژاد سال‌هاست که با حرفه‌ی پرستاری در کنار انسان‌هایی است که در شرایط سخت بیماری به‌کمک او احتیاج دارند. او پس از گذراندن آسیب‌های مختلف در زندگی و بهبودیابی پس از آن تصمیـم گرفت به رسالت خود که کمک به انسان‌ها است، ادامه دهد. مریم با فراگیری مهارت کوچینگ به‌عنوان لایف کوچ و به‌صورت تخصصی با عنوان کوچ بهبودیابی از غـم و انـدوه، همچنـان در کنـار انسان‌هایی است که بـرای تبدیل شدن بـه انسان‌های شادتر احتیاج به‌کمک او دارنـد. اکنون مریـم، عـلاوه بـر این‌که پرستار جسم انسان‌ها است، پرستار روح آنها نیـز هست.

وی همچنین برای این‌که بتواند دانش و آموخته‌های خود را به تعداد بیشتری آموزش دهد، به‌عنوان مربی بین‌المللی رشد فردی در آکادمی کوچینگ دکتر شهاب اناری آموزش دیده است تا مروج شادی و

هدف‌مندی در انسان‌های دیگر باشد.

آموزش‌های او در کلاس‌های سبک زندگی بهتر در زمینه شناخت افکار و احساسات و درک رفتار، هدف‌گذاری و برنامه‌ریزی و شناخت علائق و ارتباط مؤثر انسان‌ها در جهت شاد بودن با استفاده از متدلوژی روان‌شناسی مثبت است.

هدف مریم این است که به انسان‌ها کمک کند تا از درون شاد باشند و راه رسیدن به آرامش درونی را در درون خود پیدا کنند.

با مریم از طریق راه‌های ارتباطی زیر تماس بگیرید:

maryamgriefcoach@gmail.com
maryam_behnyjad.griefcoach
Maryam Behnejad

هنر شکوفایی انسان

دکتر محمد بیگی

هنر شکوفایی انسان
دکتر محمد بیگی

لذت‌بخش‌ترین حس در دنیا

غذای مورد علاقه‌ی خود را به‌عنوان لذیذترین غذا تصور کنید. فرض کنید برای هر وعده‌ی غذایی به‌مدت چند سال، همان نوع غذا را می‌خورید. آیا بعد از سال‌ها، همچنان می‌توانید همان‌قدر که در ابتدا لذت می‌بردید، از آن لذت ببرید؟

احتمالاً نه، طعم آن غذا دیگر جالب نخواهد بود و شاید حتی دیگر از آن غذا خسته شوید. اگر به‌جای آن، در طول این سال‌ها انواع مختلفی از غذاها را بخورید، احتمالاً از خوردن آن‌ها لذت بیشتری خواهید برد. این دقیقاً لذت‌بخش‌ترین چیزی است که در این دنیا کشف کرده‌ام!

نه اشتباه نکنید! منظور خوردن غذا نیست، بلکه «تغییر» مد نظر است، مخصوصاً تغییر در جهت مثبت که شکوفایی نام دارد. با توجه به این‌که رشد و شکوفایی هیچ پایانی ندارد، لذت رشد کردن بر خلاف غذا خوردن و دیگر لذت‌ها تمام شدنی نیست و با گذر زمان، بیشتر و عمیق‌تر می‌شود.

"رشد و شکوفایی، لذت‌بخش‌ترین کار در جهان است."

برای تمرین، فهرستی از فعالیت‌هایی که لذت بخش هستند و احساس خوب در شما ایجاد می‌کنند، در این‌جا بنویسید. قول می‌دهم این فهرست، ارزشمندترین فهرستی باشد که در طول عمر خود می‌نویسید، زیرا در تمام طول عمر، به‌دنبال همین احساس‌های خوب هستید، اما دقیقاً آنها را شناسایی نمی‌کنید!

جز این راه، راهی نیست!

اگر به اطراف نگاه کنیم، متوجه می‌شویم که اصل این دنیا بر رشد و شکوفایی بنا شده‌است و هر چیزی که در این مسیر نباشد، از بین خواهد رفت. تمام جانداران و گیاهان، نیاز به رشد و شکوفایی دارند. این‌که درخت رشد کند و به شکوفایی برسد، طبیعت هر درختی است و این‌که ما هم رشد کنیم و هم شکوفا و حتی ثروتمند شویم؛ نیز کاملاً طبیعی است.

شکوفایی هدف نیست؛ بلکه مانند جاده سرپایینی است، زمانی‌که آن را آغاز می‌کنید، حس خوبی تمام وجودتان را فرا خواهد گرفت. کم‌کم چنان شادی توأم با آرامشی روحتان را در بر می‌گیرد که به سختی‌های مسیر دیگر توجه نخواهید کرد و با سرعت به سوی موفقیت‌های بزرگ حرکت خواهید کرد.

برای تمرین، اگر با خود فکر می‌کنید موفق و ثروتمند شدن فقط برای افرادی خاص است، دائم این جمله را با خود تکرار کنید: «همان‌طور که درخت روز به‌روز بزرگ‌تر و تنومندتر می‌شود، من هم هر روز رشد می‌کنم و به موفقیت و ثروت می‌رسم.»

بهترین و سخت‌ترین مسیرهای شکوفایی

تنها راه شکوفایی «آموختن و عمل کردن به آموزه‌ها» است؛ ولی مسئله مهم این است که در قبال دریافت این آموزش‌ها چه بهایی را پرداخت می‌کنیم. آموزش‌هایی که دانشگاه روزگار از طریق شکست‌های بزرگ و کوچک به ما می‌دهد، سخت‌ترین آموزش‌ها هستند چون در ازای هر آموزش، معمولاً شکست را تحمل می‌کنیم و این باعث می‌شود زمان و انرژی زیادی را برای یادگیری هر مطلب صرف کنیم. ولی آموزش‌هایی که در کتاب‌ها و کلاس‌ها فرا می‌گیریم، بسیار راحت‌تر و با بهای کمتری

در اختیار ما قرار داده می‌شوند.

ولی پس چرا این آموزش‌ها به‌اندازه شکست‌های دانشگاه روزگار، تأثیر گذار نیستند؟

برای مثال وقتی پدری به فرزند خود می‌گوید که با ماشین تند نرود، احتمالاً فرزندش چندان توجهی به این توصیه نمی‌کند؛ تا زمانی‌که اتفاق بد در اثر سرعت زیاد برای او رخ دهد. در این زمان، آن توصیه با اتفاق افتادن این رخ داد، تأثیر چند برابری خواهد داشت. دلیل این تأثیرگذاری اولاً بهای زیادی است که از لحاظ مالی، فیزیکی، و احساسی بابت شکست می‌دهیم و دوماً تأثیر ماندگاری است که در خاطره ما حک می‌شود.

پس یکی از نکات مهم برای اثرگذاری آموزش‌های کتاب‌ها و کلاس‌ها این است که در زمان درست و به‌صورت تأثیرگذاری ارائه شوند، دقیقاً زمانی‌که فرد به آن نیاز داشته باشد. در این صورت فرد مشتاقانه پذیرای آموزش خواهد شد، به آن عمل خواهد کرد و شکوفایی با حداکثر سرعت رخ می‌دهد و این مسیر شکوفایی هیچ انتهایی نخواهد داشت و تا زمانی‌که نیاز به شادی و آرامش در ما وجود داشته‌باشد؛ ما به این مسیر ادامه خواهیم داد.

«برای رشد حداکثری، بر روی یادگیری آموزش‌هایی که در این زمان نیاز دارید، متمرکز شوید.»

برای تمرین مشخص کنید برای تبدیل شدن به نسخه‌ای بهتر از خودتان در چه زمینه‌هایی ابتدا باید آموزش ببینید و به آن بیشتر نیاز دارید؟

موانع شکوفایی

بزرگ‌ترین مانع شکوفایی، باور نداشتن به پتانسیل‌های بالقوه خودمان است،

این که با حس یأس و ناامیدی به دیگران و مخصوصاً افراد موفق نگاه کنیم. گاهی فکر می‌کنیم که انسان‌های موفق، موجودات خارق‌العاده‌ای هستند که توانایی‌هایی دارند که هیچ‌کس دیگر نمی‌تواند مثل آنها باشد و با این تفکرات محدود، جلوی اقدام کردن خود را می‌گیریم و در این صورت موفق هم نخواهیم شد.

بهترین راه برای خروج از این افکار این است که شناخت بیشتری نسبت به افراد موفق پیدا کنیم و این نکته را بفهمیم که آنها فقط خود را شکوفا کردند و توانستند پتانسیل‌های بالقوه خود را به ویژگی‌های بالفعل تبدیل کنند.

وقتی وسیله‌ای برای خانه می‌خریم، دفترچه‌ای برای توضیح نحوه استفاده و مشخصات آن وسیله همراهش است. شما نیز باید حداقل به‌اندازه آن دفترچه خود را بشناسید. اکنون دفترچه‌ای را بردارید یا صفحه یادداشت گوشی خود را باز کنید و ابتدای آن بنویسید: "من کیستم و چه استعدادها و علایقی دارم؟" و سعی کنید جواب این سؤال را بدهید، و تا آخر عمر این دفترچه را همراه خود داشته‌باشید. حتی اگر شما کارآفرینی پنجاه ساله با صدها کارمند باشید، چون همواره در حال تغییر هستید و هر روز شناخت بیشتری نسبت به خود پیدا می‌کنید، نیاز است تا این شناخت‌ها را به نوشتن درآورید، وگرنه آنها فراموش خواهند شد. برای تمرین، خوب است زندگی‌نامه چند فرد موفق در زمینه کاری خودتان را مطالعه کنید.

اصول اساسی در شکوفایی و موفقیت

دانش و شناخت، اصول اساسی شکوفایی و رسیدن به موفقیت هستند. هر چه شناخت بیشتری نسبت به خودمان و جهان اطراف داشته‌باشیم، می‌توانیم کنترل بیشتری بر شرایط و دستاوردهای خود داشته‌باشیم. جالب است بدانید که در این مسیر شکوفایی شاید کنار خود کسانی را بیابیم که

خیلی از ما جلوتر یا به‌اصطلاح موفق‌تر هستند. این افراد شاید در کنار ما زندگی کنند و حتی همسایه‌ی ما باشند. آنها دقیقاً کسانی هستند که در شناخت اولویت‌ها (ارزش‌ها) به ما کمک بسزایی می‌کنند. پیش از آن که بخواهیم با شکست این مطالب را تجربه کنیم، خیلی سریع‌تر و راحت‌تر از آنها یاد می‌گیریم. بدون این آموزش‌ها، هر شکست به معنی خروج ما از مسیر شکوفایی و هدر رفتن زمان و انرژی ما خواهد بود.

«ارزش‌ها در واقع مانند قطب‌نما عمل می‌کنند و مسیر زندگی شما را تعیین می‌کنند. آنها نشان می‌دهند که در حال حاضر به چه کاری مشغول هستید و چه نتایجی را کسب خواهید کرد!».

برای تمرین، لیست ارزش‌های خود را به‌ترتیب اهمیت این‌جا بنویسید.

ساخت جاده شکوفایی شخصی

هر فرد باید جاده‌ی شکوفایی مخصوص خود را بسازد؛ یعنی به‌اندازه تعداد افراد جهان، مسیر برای موفقیت وجود دارد و حتی این مسیرها در دوران‌های مختلف نیز متفاوت هستند. مثلاً اگر من ۱۰۰ سال پیش به دنیا می‌آمدم، با توجه به شرایط جهان، مسیر متفاوتی را برای موفقیت طی می‌کردم؛ اما تنها چیزی که برای من تغییر نمی‌کرد، ارزش‌های زندگی‌ام بود.

با ورود افراد به این دنیا، ارزش‌های درونی آنها شکل می‌گیرند. مهم‌ترین وظیفه هر فرد، بهبود و ترمیم مداوم این ارزش‌ها در طول عمر خود است. این فرآیند باعث می‌شود که ارزش‌های آنها همواره مناسب و هماهنگ با اهداف و آرزوهایشان باشند، اجازه می‌دهد تا زندگی پرمعنا و پرباری را تجربه کنند. ارزش‌ها، ارزشمندترین دارایی هر فرد هستند. ارزش‌ها به افراد می‌گویند چه کاری را انجام دهند و چه کاری را انجام ندهند. ارزش‌ها

همان دارایی‌های اصلی افراد ثروتمند هستند که حتی پس از بحران‌های مالی و از دست دادن کل دارایی‌شان، دوباره آن‌ها را ثروتمند می‌کنند.

برای ساخت مسیر خود، باید دید مناسبی نسبت به آینده خود داشته‌باشید. پس برای تمرین، در مورد آینده مسیر خود و کسب و کارتان پژوهش کرده و سعی کنید آن را پیش‌بینی نمایید.

جاده شکوفایی من

بالاخره با وجود تمام سختی‌ها، در رشته دانشگاهی که عاشق آن بودم، قبول شدم. در ابتدا بسیار خوشحال بودم و احساس خوبی داشتم، امّا وضعیت همان طور باقی نماند و چالش‌های رشته پزشکی، شرایط را برایم سخت‌تر کردند. پیش از آن‌که در این رشته قبول شوم، تصورم فقط از رشته پزشکی، لذت پزشک بودن و داشتن درآمد بالا بود، و هیچ‌کس در اطراف من در این رشته کار نمی‌کرد. در همین سال‌ها، تغییراتی در کشور و جهان رخ داد که باعث شد پزشکی، از شغلی رده‌بالا با درآمد بسیار خوب، به شغلی معمولی با درآمد متوسط تبدیل شود.

از سوی دیگر، به‌عنوان پزشک، تنها می‌توانستم بیماری‌ها را درمان کنم اما با افزایش شناخت خودم، اهداف بزرگ‌تری داشتم. به‌تدریج شور و اشتیاقم نسبت به این شغل و رشته کمتر شد و حتی حس ناامیدی کردم. برای رسیدن به اهدافم، به‌دنبال مسیرهای متفاوتی رفتم و متوجه شدم مسیرهای زیادی برای رسیدن به موفقیت وجود دارد. در شرایط سخت ارزش‌های انسان به او کمک می‌کنند. هرچه ارزش‌ها درست‌تر اولویت‌بندی شده باشند، انسان راحت‌تر و سریع‌تر می‌تواند مسیر شکوفایی را طی کند و در صورت نقص در اولویت‌بندی ارزش‌ها، انسان توان ادامه را نخواهد داشت.

در همین موقع حساس، متوجه شدم که یکی از بزرگ‌ترین ارزش‌های من «کمک به دیگران» است و چندان تفاوتی ندارد که به‌عنوان پزشک این کار را بکنم یا مدرس و یا هر عنوان شغلی دیگر! ارزش‌های اصلی خود را می‌شناختم و طبق آن مسیری را پیدا کردم که بتوانم هم خودم به شکوفایی برسم و هم به دیگران کمک کنم به شکوفایی برسند.

فصول مختلف شکوفایی

مسیر شکوفایی، فرایندی پویاست که در طبیعت، حیوانات و انسان‌ها فصل‌های متنوعی دارد. مانند تغییر فصل‌ها، افراد می‌توانند در طول زندگی خود فصل‌های مختلفی از شکوفایی را تجربه کنند. در هر فصل، تمرکزها و اولویت‌های مختلفی وجود دارند که لذت و رضایتی منحصربه‌فرد را فراهم می‌کنند. به‌عنوان مثال، در بهار زندگی، افراد شاید بر روی رشد شخصی، آموزش و یادگیری و توسعه شغلی خود تمرکز کنند، در حالی که در فصول بعدی زندگی، شاید بر روی ساخت روابط قوی، پرورش فرزندان و یافتن شادی در دستاوردهای خود تمرکز کنند. در پاییز زندگی، افراد ممکن است بر روی مسائل معنوی، یافتن معنا، هدف و تفکر بر تجربیات خود تمرکز کنند. در فصول پایانی زندگی، افراد ممکن است بر برگشت به جامعه، ایجاد میراث و لذت بردن از ثمره کار خود تمرکز کنند.

با توجه به این‌که در چه مرحله‌ای از زندگی خود هستید، باید به مسیر شکوفایی خود ادامه دهید. این شکوفایی می‌تواند نوشتن کتاب، بزرگ کردن فرزندتان یا رسیدن به شهرت و ثروت باشد.

سریع‌ترین راه شکوفایی

گفتیم که شکوفایی مسیری است که به‌محض ورود به این مسیر، احساس شادی و آرامش ما را فرا می‌گیرد و دست‌آوردها و موفقیت‌هایی را کسب

خواهیـم کـرد. ولـی چگونـه بیشـترین میـزان شـادی و آرامـش و موفقیـت را تجربـه کنیـم؟

درخت وقتـی در حـال رشد است فقـط رشد می‌کنـد و میـوه نمی‌دهـد و وقتـی میـوه می‌دهـد تمرکـزش بـر روی میـوه اسـت. ایـن همـان معنـای شـکوفایی در مراحـل مختلـف زندگـی اسـت، ولـی در هـر فصـل، تمرکـز بـر یـک گزینـه اسـت تـا بتـوان حداکثـر بازدهـی را از آن مسـیر داشـت و بهتریـن نتیجـه را گرفـت.

پـس سـریع‌ترین راه رسـیدن بـه بیشـترین میـزان شـکوفایی، «تمرکـز» بـر یـک دسـتاورد و بـه نتیجـه رسـاندن آن اسـت شـبیه بـه درخـت بالغـی کـه میـوه فراوانـی تولیـد می‌کنـد.

«دسـتاوردی بزرگ، خیلـی ارزشـمندتر از چندیـن دسـتاورد متوسـط اسـت.»

بـرای تمریـن، بنویسـید کـه کـدام کارهـا هسـتند کـه بایـد بیشـتر بـر روی آنهـا تمرکـز کنیـد؟ و همچنیـن کـدام کارهـا هسـتند کـه بایـد آنهـا را کمتـر یـا حـذف کنیـد؟

قدم آخر شکوفایی

در اکثـر مـوارد، کلمـات "شـکوفایی" و "نـوآوری" بـا یکدیگـر همـراه هسـتند؛ به‌عبـارت دیگـر، انسـان بـا عبـور از نیازهـای اولیـه‌اش، بـه تدریـج بـه خلـق نوآوری‌هـا و خلاقیت‌هایـی می‌پـردازد کـه در نهایـت بـه شـکوفایی می‌رسـد.

تعریـف سـاده‌تر خلاقیـت، ایـن اسـت کـه مسـائل را بـه شـیوه‌ای سـاده‌تر حـل کنیـم؛ به‌عبـارت دیگـر، بایـد نیـاز یـا مشـکل فعلـی خـود را شناسـایی کنیـم و بـا توجـه بـه اطلاعـات موجـود، راه‌حلـی ساده‌تـر بـرای آن پیـدا کنیـم. حتـی اگـر راه‌حـل، کمـی سـریع‌تر یـا راحت‌تـر باشـد، می‌توانیـم آن را خلاقیـت بنامیـم. امـا بـا کار بیشـتر و بهینه‌سـازی آن، می‌توانیـم در نهایـت بـه خلاقیـت و شـکوفایی خـود دسـت پیـدا کنیـم.

به‌عنوان مثال، بهترین استارتاپ‌های امروزی که به شکوفایی و خلاقیت نهایی رسیده‌اند، هیچ‌کار خارق‌العاده‌ای انجام نداده‌اند؛ به‌جای آن، سعی کرده‌اند به نیازهای قبلی مانند خرید، حمل و نقل، آموزش و غیره با شیوه‌ای ساده‌تر و سریع‌تر پاسخ دهند و هر روز این مسیر را بهینه‌تر می‌کنند. این در نهایت به موفقیت منجر می‌شود؛ بنابراین، حتی اگر ایده اولیه خلاقانه نباشد، با کار بیشتر روی آن، در نهایت می‌توان خلاقیت بزرگی را خلق کرد.

برای تمرین، مهم‌ترین هدف امسال خود را در نظر بگیرید و با پاسخ به این سؤال سعی کنید خلاقیت را در خود پرورش دهید: چگونه می‌توانم راحت‌تر و سریع‌تر و با لذت بیشتری به این هدف برسم؟

جمع‌بندی

مسیر شکوفایی انسان، تنها مسیری است که می‌توان با حس خوب، آن را طی کرد و هرگاه از این مسیر خارج شویم، هشدارهایی مانند تغییر حس خوب به استرس و فشار روانی، احساس سرگردانی و مفید نبودن در این دنیا وجود ما را فرا می‌گیرد. ما با بقاء در مسیر یادگیری و رشد، به اهداف خود می‌رسیم و این مسیر طبیعی‌ترین مسیری است که انسان باید برود، دقیقاً مانند درخت که روز به‌روز رشد کرده و شکوفا می‌شود.

برای تمرین، وارد لینک داخل پاورقی شوید و در آزمون شکوفایی شرکت کنید و دوره آموزشی هم از ما هدیه بگیرید[۱۲].

---

۱۲ دوره توسعه فردی و توسعه کسب و کار
https://drmohammadbeigi.ir/roud-to-human-flourishing/

هنر شکوفایی انسان

زندگی‌نامه نویسنده

دکتر محمد بیگی در سال ۱۳۷۶ هجری شمسی به دنیا آمد. پدرش کارگر بود و مادرش خانه‌دار. هنگام تولد، پاهایش مشکل داشت، اما با کمک پزشکان بهبود یافت. از ابتدا، جامعه پزشکی، دینی بر گردن او گذاشت که باعث شد در دوران نوجوانی، مسیر سختی را پشت سر بگذارد تا بتواند در دانشگاه، رشته پزشکی قبول شود. پس از قبولی در دانشگاه، به مسیر خود ادامه داد و سعی داشت به موفقیت‌های روز افزون دست یابد و بر روی پای خودش بایستد. برای کمک به دیگران در قبولی در دانشگاه، مسیر موفقیت خود را به‌صورت کتابی به چاپ رساند تا دیگران نیز بتوانند راحت‌تر در دانشگاه قبول شوند.

محمد باور دارد که موفقیت به خودی خود نه ارزش تلاش کردن دارد؛ نه ارزش تلاش نکردن! بلکه انسان باید دلایل بسیار بزرگ‌تر از خود

هـدف داشــته باشــد تــا بتوانــد بی‌وقفــه تــلاش کنــد و بــه هدفـش برسـد. در ابتـدای دانشـجویی، تا زمانی‌کـه اسـتقلال مالـی خـود را پیـدا کـرد، بسـیاری از مشـکلات مالـی را تحمـل کـرد. امـا کم‌کـم کسـب و کارش گسـترش یافـت و در ایـن مـدت بـه بیـش از صدهـا نفـر مشـاوره تحصیلـی بـرای قبولـی در دانشـگاه داد. در حـال حاضـر نیـز مجموعـه‌ای بـا ۱۰ نفـر بـرای ارائـه خدمـات مشـاوره تحصیلـی بـه دانش‌آمـوزان را مدیریـت می‌کنـد.

همیشـه دوسـت داشـت کـه بـه جـای ایـن کـه فقـط بـه ایـن امـر افتخـار کنـد کـه پزشـک اسـت، جامعـه پزشـکی نیـز بـه او افتخـار کنـد. بنابرایـن، او بـه آمـوزش مباحـث مربـوط بـه توسـعه فـردی و کسـب و کار روی آورد و مؤسسـه آموزشـی "دکتـر پـلاس" را تأسـیس کـرد. دکتـر پـلاس بـه ایـن معناسـت کـه او سـعی می‌کنـد بیشـتر از پزشـک باشـد و بـه هـر نحـوی کـه می‌شـود بـه دیگـران کمـک کنـد. در ایـن مؤسسـه، دوره‌هـای آموزشـی مختلفـی طراحـی می‌شـود کـه بـه دیگـران کمـک می‌کننـد تـا روز بـه‌روز رشـد کننـد و بـه شـکوفایی برسـند.

می‌توانید از راه‌های زیر با محمد در تماس باشید:

🌐 www.DrMohammadbeigi.ir
✉ mohammadbeigi.mb@gmail.com
📷 drmohammadbeigi_ir

تسلیم نشو!

پیروز حسنی

تسلیم نشو!
پیروز حسنی

دستان نجات دهنده

مرد ماهیگیری، هر روز تورماهیگیری خود را که از دریا بیرون می‌کشید، چند گربه‌ماهی در تور می‌افتاد. پسرش هر روز تعدادی از گربه‌ماهی‌ها را دوباره به آب برمی‌گرداند. روزی، پدر به پسرش گفت: «پسرم، آیا می‌دانی که هر روز چند گربه‌ماهی در تور می‌افتد؟ اهمیتی ندارد که تو این تعداد را نجات دهی، فقط خودت را خسته می‌کنی.» پسرش گربه‌ماهی را در دست خود گرفت و آن را به دریا پرتاب کرد و گفت:«برای این گربه‌ماهی، فرق می‌کند.»

شاید نتوانم جهان را تغییر دهم، اما می‌توانم با سهمی که دارم به انسان‌ها کمک کنم. هر زمان که همسرم به من می‌گفت: «چرا خودت را اذیت می‌کنی؟»، احساسی شبیه به پسر ماهیگیر داشتم. هر مهاجری که در تور زندگی گرفتار شده‌است، برایم اهمیت دارد. بی‌توجه به این‌که هم‌وطن یا هم‌نژاد من باشد، او انسان است که باید به او کمک کنم. شاید کار من از نظر جهان اهمیتی نداشته‌باشد و نتواند در دنیا تفاوتی ایجاد کند، اما در زندگی آن فرد تفاوت ایجاد خواهد کرد و من به این امر باور دارم. ما در تور بزرگی به اسم باورهایمان گرفتار شده‌ایم. محدودیت‌هایی داریم که به ما تحمیل می‌شوند. اطرافیان گاهی قالب‌هایی دارند که می‌خواهند ما را در آن جای دهند. همیشه سعی کرده‌ام خودم را قوی‌تر کنم و هر وقت شرایط برایم سخت شده، سعی کردم آن شرایط را تغییر دهم. دوست دارم به زنان دیگری که نتوانستند مسیر زندگی خودشان را پیدا کنند بگویم، شما بیشتر از چیزی هستید که دیگران می‌گویند. زن،

خالق زندگی است. زن قدرتمند است، اما باید ارزش قدرت‌های خودش را بداند. هدف من در زندگی، کشف این توانایی است. برخی زنان فرصت رشد نداشته‌اند، فرصت درس‌خواندن را نیافته‌اند. ولی در مقطعی از زندگی، به آنها این فرصت داده شده‌است که دوباره زندگی کنند، دوباره متولد شوند. آنها باید ارزش این فرصت دوباره را بدانند.

تعریفی جدید از زندگی: سال‌های دوری و کشف دوباره خودم

در یکی از شهرهای کردستان، در ایران به دنیا آمدم. تنها فرزند خانواده بودم. در سن یازده سالگی پدرم را از دست دادم. در سن سیزده سالگی ازدواج کرده و هفت سال با خانواده همسرم زندگی کردم. دو فرزند به دنیا آوردم و فکر می‌کردم دنیا همین است. باید اطاعت کنم و این مسیر برای من مقدر شده‌است. من و همسرم کُرد هستیم و رسومات قبیله‌ای در زندگی ما بسیار قوی بود. تعصب‌های قومی سایه بزرگی روی زندگی من انداخته‌بود. هیچ‌وقت اجازه زندگی برای خودم را نداشتم. همسرم بنا به دلایلی مهاجرت کرد. یک سال روال زندگی تقریباً مثل قبل بود. اما به سبب اتفاقاتی پیش مادرم برگشتم و این شروعی بود که از مرزهای زندگی محدودم خارج شوم و دنیا را ببینم. به مدرسه فنی و حرفه‌ای رفتم و دوره‌های آن را گذراندم. سپس به دبیرستان رفتم و دیپلم گرفتم. پس از آن شروع به کار کردم و حتی یک سال دانشگاه رفتم. به‌مدت هشت سال به‌تنهایی ایستادم و کارهای بسیاری انجام دادم که حتی خودم هم باور نمی‌کردم که قادر به انجام آن‌ها باشم. دریافتم که اگر بخواهم، می‌توانم! با گروه سینماگران آزاد ایران همکاری داشتم، سینمای شهر را بعد از حدود بیست سال بازگشایی کردیم و فیلم «من ترانه پانزده سال دارم» را در آن نمایش دادیم که اتفاق بزرگ و قشنگی در آن شرایط و بعد

از آن همه سال بود.

قرار بود پس از سه ماه، من و فرزندانم به همسرم بپیوندیم، اما این فرآیند هشت سال طول کشید. پس از هشت سال دوری، همراه با دو فرزندم به کانادا مهاجرت کردم. همسرم، همان همسر هشت سال پیش را در ذهن داشت. من با گذشته فرق داشتم ولی سعی کردم در قالب ذهنی همسرم بگنجم. واقعیت اما این بود خیلی بزرگ شده‌بودم و دیگر در آن قالب ذهنی جا نمی‌شدم و این چالش‌ها مسیر پیشرفتم را خیلی کندتر کرد. من برای حفظ زندگی مشترکمان خیلی تلاش کردم. ناراحت نیستم، این انتخاب من بود. یک روز با بچه‌ها بیرون رفتیم و دلشان در راه سیب زمینی سرخ کرده خواست، اما نمی‌دانستم باید چطور سفارش دهم. کتاب‌هایی که همراهمان بود را نگاه کردیم تا کلمه Fries را پیدا کنم. همان روز به خودم قول دادم که زبان یاد بگیرم.

تلاشی بی‌وقفه: از کلاس زبان تا رویای کالج

سعی کردم از خانه بیرون بیایم. کلاس زبان نزدیک خانه ما بود. هفت ماه طول کشید تا اجازه شرکت در کلاس زبان را گرفتم. بالاخره توانستم به همسرم ثابت کنم که می‌توانم زبان یاد بگیرم و در عین حال همسر و مادر باشم. بچه‌ها صبح مدرسه می‌رفتند و من به کلاس زبان می‌رفتم. به‌عنوان یک زن با انواع محدودیت‌ها مواجه بودم و برای تک تک چیزهایی که حق طبیعی من بود، جنگیدم. شاید برای سایرین رفتن به کلاس زبان، رانندگی، رفتن به دبیرستان، کالج و کار کردن پیش‌پا افتاده به‌نظر برسد. اما من برای به‌دست آوردن این حقوق طبیعی سخت مبارزه کردم. جنگجو به دنیا نیامدم اما جنگجو شدم.

یادگیری زبان برای من نقطه آغاز بود. سپس توانستم وارد مدرسه بزرگسالان شوم. برای اولین بار در مکدونالد کار پیدا کردم. خیلی سخت

درس می‌خواندم. ماشین نداشتم. صبح وقتی بچه‌ها مدرسه می‌رفتند، با اتوبوس به مدرسه خودم می‌رفتم. سپس برمی‌گشتم و مک‌دونالد کار می‌کردم، به خانه می‌رفتم، شام حاضر می‌کردم و نقش یک همسر نمونه و مادر را ایفا می‌کردم. بعضی اوقات شنبه و یکشنبه هم کار می‌کردم. اما خوشحال بودم که دارم پیشرفت می‌کنم. یک روز برای یکی از تکالیف کلاس زبانم نوشتم در پنج سال آینده می‌خواهم به کالج بروم. این کاغذ را نگه داشتم. وقتی دو سال بعد به کالج رفتم، به آن نگاه کردم. سخت بود، اما شد!

وقتی در کالج قبول شدم واقعاً خوشحال بودم. حس متفاوتی داشتم. کالج دنیایی دیگر برای من بود. من دختری که در ۱۳ سالگی ازدواج کرده‌بودم، جز شهر کوچک خودم، جایی زندگی نکرده بودم، وارد کالج تورنتو شده‌بودم. حتی در خواب هم نمی‌دیدم. یک روز در کالج حالم به‌هم خورد و به بیمارستان رفتم. آنجا آزمایش دادم. دکتر گفت که باردار هستم. شوکه شدم. هضمش برایم سخت بود. مجبور شدم دو سال از کالج کنار بکشم. شاید به‌اعتقاد همسرم، این کودک می‌توانست رویای من را تغییر دهد. اما می‌دانستم این دختر زیبا، این نوزاد کوچک روزی به من افتخار خواهد کرد که مسیری را رفتم که رویایش هم در ذهنم نمی‌گنجید.

وقتی زنی به من می‌گوید که کاری را نکردم چون خانواده به من اجازه ندادند. لبخند می‌زنم. اگر قرار بود کارهایی که خانواده‌ام، جامعه و اطرافیانم اجازه نمی‌دادند را انجام ندهم، قرار نبود حتی اجازه خندیدن و حرف زدن را داشته باشم. اگر در قالب ذهنی آنها به‌زور خودم را جا می‌دادم، زنی بودم که حتی نمی‌توانست انگلیسی صحبت کند. شاید رمز موفقیت من در کار با مهاجرین این بود که خودم سختی‌های این مسیر را تجربه کردم. وقتی در جمعی حاضر می‌شدم که همه تحصیل کرده‌بودند،

به دانـش و علـم آنهـا غبطـه می‌خـوردم و بـاورم نمی‌شـد روزی قـرار باشـد در جمع آنها سخنرانی کنم. خودم را شناختم و نترسیدم از این‌که متفاوت بـودم.

راهی به استقلال: تغییرات و چالش‌های زندگی

پـس از تولـد دختـرم، دیگـر بـه کالـج نمی‌رفتـم و کار هـم نمی‌کـردم. همـان زمـان بـا کمپانی در زمینـه محصـولات گیاهی آشـنا شـدم و در آن شـروع بـه کار کـردم. چالش‌هـای زیـادی داشـتم امـا تغییـر نـگاه مـن بـه زندگـی و خـودم از جایـی آغـاز شـد کـه بـا جیـم ران آشـنا شـدم. احسـاس می‌کـردم ایـن جملـه او «اگر واقعاً بخواهید کاری را انجام دهید، راهی پیدا می‌کنید و اگر نخواهید بهانـه‌ای پیـدا می‌کنیـد».[13] بـرای مـن نوشـته شده‌اسـت. می‌خواسـتم بهتـر باشـم و بایـد هـزار راه را بـرای بهتـر شـدنم می‌یافتـم. بـا سوشـیال مدیـا کار خـودم را شـروع کـردم و بـا منتورهـای بزرگـی آشـنا شـدم. بـا کتاب‌هایـی کـه خوانـدم و دوسـتانی کـه پیـدا کـردم، دنیایـم تغییـر کـرد. ایـن اولیـن تجربـه رسـمی کار در خـارج از کشـور بـود. چنـد سـال عالـی را بـا ایـن شـرکت کار کردم. توانسـتم بـه اسـتقلال مالـی برسـم. رانندگـی کنـم، و خـودم روی پـای خـودم ایسـتادم.

در ایـن دوره همسـرم بـا مشـکلات مالـی مواجـه شـد و بـا این‌کـه ایـن مسـئله روی اعتبـار مـن هـم تأثیـر گذاشـته‌بود، تصمیـم گرفتـم بعـد از دو سـال، دوبـاره بـه کالـج برگـردم. در کالـج بـا مسئول هماهنـگ کننده دانشـجویان صحبـت کـردم و توانسـتم بـا تـلاش شـبانه‌روزی، بورسـیه بگیـرم. وقتـی همسـرم متوجه شـد پرسـید کـه بـرای تـرم بعـد چـه خواهـم کـرد؟ دوبـاره تـرم بعـد هـم توانسـتم یـک جایـزه بـرای ادامـه تحصیـل بگیـرم کـه بخـش زیـادی از هزینه‌هـای تـرم دوم را تأمیـن کـرد. حـس خیلـی خوبـی داشـتم. یکـی از خاطـرات خوبـم ایـن بـود کـه در کلاس ادبیـات، مقالـه‌ام آن‌قـدر خـوب بـود کـه به‌عنـوان نمونـه

---

13   "If you really want to do something, you'll find a way. If you don't, you'll find an excuse." ~ Jim Rohn

برای دانشجویان ترم‌های بعد استفاده می‌شد. این اتفاق واقعاً برای من قشنگ و بزرگ بود. خیلی حس خوبی داشتم. این حس به من می‌گفت: «جلوتر برو!»

از دست دادن تا قدرت: یک سفر شخصی به‌سوی توانمندسازی دیگران

به ایران برگشته بودم تا مادرم را با خودم بیاورم. درست روزی که دخترم به من زنگ زد که ویزای مادرم قبول شده‌است، مادرم را از دست دادم. مادرم همیشه پشت و پناه ما بود. اشکی نداشتم بریزم. در تمام این مدت، باور نداشتم مادرم را از دست دادم. هضم این مطلب فراتر از توانم بود و کارم را رها کردم. بعد از گذراندن دوره دکتر ساعیان تازه توانستم گریه کنم.

یک سری مسائل خانوادگی و مشکلات مالی، روحیه ضعیف من، دردها و بغض‌های نهفته من به‌صورت بیماری بروز کرد. دست چپم به‌شدت درد می‌کرد، مشکل پوستی پیدا کردم و در نهایت مشکلات کمرم منجر به جراحی ستون فقرات شد اما تمام این‌ها باعث نشد که از تلاش دست بردارم. نگفتم نمی‌توانم. با این همه مشکلاتی که داشتم، باز هم دلم می‌خواست ادامه دهم. دوباره کار همسرم بهتر شد. من هم که بعد از جراحی کمر نمی‌توانستم به‌عنوان مددکار اجتماعی کار کنم، به‌دنبال زمینه تازه کاری بودم. تمامی مشکلات در وضعیت سلامت، تغییر شغل، چالش‌های خانوادگی برای من فرصتی پدید آورد تا به‌سمت کوچینگ بروم. من که برای حقوق اولیه خودم جنگیده‌بودم و دست از جنگیدن برنداشته بودم، توانستم از مشکلات زندگی پلی بسازم. با شروع کوچینگ، کمک به آن‌ها که به یاری من نیاز داشتند را ادامه دادم. دوست دارم روایتی از زندگی یکی از کسانی داشته باشم که شانس این را داشتم که در مسیر زندگی‌اش به او کمک کنم.

روایتی از زندگی: روایت تک تک ما که می‌جنگیم.

قرار نیست اسمش را بدانید، اما من رز صدایش می‌زنم. رز در آغاز کرونا با همسر و پسرش به این‌جا آمدند. همسرش پژوهشگر بود و خودش در هتلی در مرکز شهر کار می‌کرد. جایی را اجاره کرده‌بودند و رز تمام وقت کار می‌کرد تا همسرش درس بخواند. یک روز که زودتر از کار تعطیل شده بود، به خانه آمد و متوجه خیانت همسرش شد. رز از همسرش خواست اگر هنوز علاقه‌ای به او دارد، او را ترک کند. همسرش متأسفانه پس از ترک او، قصد داشت حضانت پسرشان را بگیرد و رز را وادار به برگشتن به ایران کند. او را تهدید می‌کرد و مشکلات زیادی برای او ایجاد کرده بود. از طریق سازمان حمایت از زنان با رز آشنا شدم. برای مهاجرت و مشکل خانوادگی او وکیل گرفتیم. یک روز که تازه با او آشنا شده‌بودم، به دیدارش رفتم. دوران کرونا بود. بیرون ایستادم تا او را ببینم. شرایطش را می‌دانستم. پسرش همسن دختر من بود. سر راهم برای او و پسرش چند هدیه و یک گلدان گرفتم. هنوز هم می‌گوید پسرش به او گفته‌بود: «این خانم فرشته است که از طرف خدا آمده است». رز می‌گفت که در آن زمان به‌دلیل اتفاق‌هایی که برایش افتاده‌بود، احساس بی‌ارزشی می‌کرد. از این‌که آن‌قدر راحت همسرش کسی را به او ترجیح داده‌بود، حس بدی داشت. اما بعد از این اتفاق دوباره احساس کرد که زندگی زیباست، زندگی او با ارزش است و انرژی تازه‌ای گرفت. رز و پسرش با کمک سازمان‌های حمایتی توانستند خانه پیدا کنند. شرایطشان به‌تدریج بهتر شد و در نهایت رز توانست در دادگاه پیروز شود. رئیس دادگاه حضانت بچه را به او داد و به او گفت: «هیچ‌کس حق ندارد فرزندت را از تو بگیرد و می‌توانی در این کشور به‌عنوان یک زن آزاد زندگی کنی». رز به من زنگ زد و با هم اشک ریختیم. رز اکنون برنامه دارد به کالج برگردد. به

رز افتخار می‌کنم. رز به من می‌گفت که الگوی او هستم، اما واقعاً او برای من الگو بود. این‌که چقدر سخت جنگید. رز با وجود شرایط سخت خودش، بعد از مدتی برای زنی که شرایط مشابه داشت، تولد گرفت و در آنجا به من گفت پیروز از تو یاد گرفتم. دوست دارم به بقیه کمک کنم تا بهتر شوند. داستان او یادآور این است که قدرت واقعی نه‌تنها در غلبه بر مشکلات خودمان است، بلکه در گستردن دست یاری به کسانی که نیازمند هستند، نهفته‌است.

توانمندسازی زنان: سفری از حمایت و رشد با یکدیگر

واقعیت این است که همیشه مشکلات به‌ویژه برای زنان وجود دارند. زندگی من نیز هرگز آسان نبوده است. هر بار که یک کوه را پشت‌سر می‌گذارم، چالش‌های جدیدی در انتظارم است. بعضی اوقات زندگی واقعاً سخت می‌شود و مجبور می‌شویم تکه‌های شکسته قلب خود را جمع کنیم و خودمان را از نو بسازیم. من مربی و سخنران در زمینه توانمندسازی زنان هستم. خودم بارها مبارزه کرده‌ام تا بتوانم در جمع صحبت کنم، در کارهای گروهی شرکت کنم و به زنان کمک کنم تا نگاهی متفاوت به خود داشته‌باشند و توانمندتر شوند.

حتی درختان هم با ریشه‌های قوی شاخه‌هایشان را به‌سوی نور می‌کشانند. ما نیز باید تغییر کنیم. باید زندگی خودمان را تغییر دهیم. دوست دارم از مرزها و محدودیت‌ها فراتر بروم. قدم بعدی من چیست؟ قدم بعدی من این است که به جلو بروم. ادامه می‌دهم و ایمان دارم که قوی‌تر خواهم شد. می‌خواهم بر صندلی‌ای که جایگاه من است بنشینم. جایگاه خودم را دارم. این جایگاه حق من است و حق گرفتنی است.

تسلیم نشو!

زندگی‌نامه نویسنده

پیروز حسنی، زاده‌ی کردستان، در ایران است. او در سن ۱۳ سالگی، به رسم و رسوم محلی ازدواج را پذیرفت؛ اما رؤیاهای بزرگش را فراموش نکرد. پس از هشت سال دوری از همسرش، با دو فرزند به تورنتو کانادا، مهاجرت کرد تا خانواده خود را دوباره بسازد. پیروز با عزم قوی برای موفقیت در محیط جدیدش، زبان انگلیسی را فرا گرفت و تحصیلات دبیرستانی خود را به پایان رساند. او وارد کالج شد و جایزه زن دانشگاه (Women University) را گرفت و بورسیه شد. در این مسیر، پیروز تجربه‌های شغلی متنوعی را کسب کرد و در نهایت به زمینه توانمندسازی زنان روی آورد.

با بهره‌گیری از مهربانی و پشتکار خود، پیروز به‌عنوان یک مشاور اجتماعی در سازمان زنان افغان و خانه کرد تورنتو، نماد امید برای زنان شد. در

طول فعالیت‌های خود، سخنرانی‌های فراوانی در زمینه توانمندسازی زنان، به‌ویژه زنان خانه‌دار، به زبان‌های کردی، انگلیسی و فارسی برگزار کرد. یکی از این سخنرانی‌های او در ۱۴ آگوست ۲۰۲۳ در میدان مل لستمن (Mel Lastman Square) در تورنتو در پانزدهمین سالگرد فستیوال جامعه کردها برای بیش از سه‌هزار نفر برگزار شد و با استقبال شایانی روبه‌رو شد.

پیروز در این سال‌ها توانست به مهاجران بسیاری کمک کند و در دوره کرونا، مشارکتی فعال داشته‌باشد. همچنین، به‌مدت ۵ سال ریاست انجمن مدرسه دخترانه را بر عهده داشت و خدمات و پروژه‌های خیریه بسیاری را راه‌اندازی کرد. پیروز بیش از ده سال به‌عنوان مدد کار اجتماعی (social worker) کار کرد و سعی نمود همواره به دیگران کمک کند.

با اراده‌ی بی‌پایان برای رشد و تحول شخصی، پیروز به‌سوی حوزه‌ی کوچینگ سلامت حرکت کرد و به‌عنوان مربی و راهنمای قابل‌اعتماد شناخته شد. رویکرد او به توانمندسازی افراد برای دستیابی به بهبود کامل روحی و جسمی، پایه‌ی تحولی عمیق در زندگی مراجعینش شد. این آغازی بر علاقه‌مندی بیشتر او به زمینه کوچینگ بود. در این مسیر با شرکت در دو دوره تونی رابینز و همچنین گذراندن دوره تربیت مربی دکتر اناری، مسیر جدیدی را آغاز کرد و جزو نخستین فارغ التحصیلان این دوره بود. پیروز در دوره‌های برندسازی دکتر اناری شرکت کرد تا بهتر با این زمینه کاری آشنا شود.

تمام مشتریان پیروز و کسانی که او را می‌شناسند باور دارند که پیروز قلب مهربانی دارد و همیشه هدفش کمک به زنان برای رسیدن به جایگاه واقعی خودشان است. پیروز، با تلاشی بی‌وقفه و عشقی بی‌انتها، به‌دنبال ایجاد جهانی است که هر زن می‌تواند هویت اصیل خود را پذیرفته و در همه‌ی جنبه‌های زندگی به رشد بپردازد.

می‌توانید از راه‌های زیر با پیروز در ارتباط باشید:

pirouz_hassani and nutrition.habits
coachpirouz@gmail.com
+۱ ۴۱۶ ۹۰۴ ۲۰۰۷

فراتر از تغییر: چگونه افزودن به برنامه شما می‌تواند همه چیز را تغییر دهد.

محسن خاکی

فراتر از تغییر: چگونه افزودن به برنامه شما می‌تواند همه‌چیز را تغییر دهد.
محسن خاکی

شروع ماجراجویی

زندگی ماجراجویی بی‌نظیر است. بازی که برنده و بازنده ندارد و فقط می‌توان آن را بازی کرد. ماجراجویی‌های من هم از این‌جا شروع شد: پدر و مادرم خیلی دوست داشتند؛ زبان انگلیسی را یاد بگیرم. از هفت سالگی با شعر و موسیقی به انگلیسی علاقه‌مند شدم. پدرم کمی بعد، من را در کلاس زبان ثبت نام کرد و هرگز زبان را رها نکردم. از بچگی ذهنیت من این بود که در زبان به قدری خوب باشم که بتوانم آن را تدریس کنم.

ورود به جاده‌ی تغییرات

در هفده سالگی در آزمون‌های بین‌المللی زبان شرکت کردم و یک سال بعد با گذراندن دوره‌های تربیت مدرس، شروع به تدریس به کودکان و نوجوانان کردم. هم‌گام با تحصیل در دانشگاه در رشته مهندسی مکانیک، به تدریس مشغول بودم. هر روز بیشتر به من اعتماد می‌کردند و کلاس‌های بیشتری از تمام گروه‌های سنی به من سپرده می‌شد. بعد از گذشت دو سال، برای اولین بار، تدریس کلاس‌های آمادگی آزمون‌های بین‌المللی آیلتس و تافل به من سپرده شد که برای من، موفقیت بزرگی در آن زمان محسوب می‌شد. عشق به تدریس باعث شد که پس از اتمام مهندسی، وارد رشته آموزش زبان انگلیسی در دانشگاه شوم و به‌صورت آکادمیک، این راه را حرفه‌ای‌تر ادامه دهم. در بیست و شش سالگی اولین دوره‌ی تربیت‌مدرس خودم را برای گروهی از مدرسان زبان برگزار کردم. در این

سال‌ها به‌خاطر اعتباری که کسب کرده‌بودم، پیشنهادهایی برای مشاوره و تدریس زبان به مدیران برخی سازمان‌ها و شرکت‌ها دریافت کردم. این تجربه‌ی کاری باعث شد که تا حدی با دیدگاه‌های مدیریتی و کسب و کار هم آشنا شوم و کم‌کم به‌عنوان مدیر آموزش و مدیر اجرایی در بعضی مؤسسات آموزش عالی فعالیت کنم.

در مسیر تغییرات، ضربه‌های بزرگ و پیچیدگی‌ها فرصت هستند.

تجمیع تمام تجربیاتم، به‌تدریج من را به‌سوی داشتن کسب و کاری موفق در زمینه آموزش و مشاوره زبان انگلیسی، به‌ویژه آیلتس، سوق داد. به همین دلیل، به‌مرور به فکر راه‌اندازی سازمان آموزشی در این زمینه افتادم. با توجه به تجربیاتی که داشتم و فکر می‌کردم کافی است، با کمک تیمی به‌عنوان اتاق فکر، شروع به کار کردم. در آن موقع، احساس می‌کردم تجربه آموزشی می‌تواند بسیاری از مراحل را پیش ببرد، اما ساختن برند سازمانی و گسترش کار با مشکلات زیادی همراه بود و علی‌رغم هزینه زیادی که صرف آن کردم، نتوانستم مخاطب زیادی جذب کنم. در مقایسه با رقبای بزرگ در آن زمان، جدی گرفته نمی‌شدم؛ کسب و کار من در آن موقع شکست خورد و بسیاری از منابع مالی خود را از دست دادم. با این حال، این بزرگ‌ترین درس بود که باید علاوه بر تخصص در زمینه آموزش و عشق به آن، مهارت‌های دیگری را مانند مدیریت مالی و منابع انسانی، مدیریت پروژه، مهارت‌های ارتباطی، رهبری، روان‌شناسی و غیره نیز آموخته باشم.

هرچقدر سریع‌تر شکست بخورید، سریع‌تر موفق می‌شوید.[۱۴]

۱۴ برایان تریسی در کتاب: «شکست خوردن راهی برای موفقیت است: چگونه از قدرت شکست استفاده کنیم تا به اهدافمان برسیم» می‌گوید: «هر چه سریعتر حرکت کنید، سریعتر شکست خواهید خورد و هر چه سریعتر شکست خوردید، سریعتر یاد خواهید گرفت و موفق خواهید شد.»

به احساسات منفی خود مسلط شدم و به توسعه فردی و حرفه‌ای خودم پرداختم. برای پیشرفت در کارم، تمرکز را بر زمان حال قرار دادم[15] و تصمیم گرفتم برای مدتی تمرکز بر راه اندازی کسب و کار نداشته باشم. آخر هفته‌ها، زمان خود را به شرکت در دوره‌های آموزشی، توسعه مهارت‌ها و مطالعه کتاب‌ها اختصاص دادم. در طول هفته، تمام وقت در مؤسسات تدریس کردم از جمله در مرکز آیلتس مشهوری در ایران، ورکشاپ‌های تخصصی گروهی و پرجمعیت را در هر چهار مهارت برگزار کردم. بسیاری از متقاضیان برای ثبت نام در کلاس‌های من تا چند ماه در صف انتظار می‌ماندند.

با تکیه‌بر مطالعات و تجارب بیش از دو دهه تدریس و مشاوره، علاوه بر ارائه آموزش‌های با کیفیت و حرفه‌ای، به دانش‌پذیرانم کمک می‌کردم که باور خود را به کسب نمرات بالاتر در آزمون‌های بین‌المللی تقویت کنند. این ذهنیت به جامعه دانش پذیرانم کمک کرد که علاوه بر کسب نتیجه درخشان در آزمون، تغییرات بزرگی در خود در ابعاد مختلف زندگی از جمله مسیر شغلی و حرفه‌ای و همین طور مهارت‌های اجتماعی شان ایجاد کنند.

در مسیر تغییرات، حرکت منجر به انگیزه شد.

حس خوبی که از این دستاوردها در من ایجاد شد، به من کمک زیادی کرد که بیشتر از مدرس زبان باشم و به‌جای تمرکز صرف بر روی تدریس زبان، به رشد حرفه‌ای خودم هم فکر کنم[16]. تصمیم گرفتم با استفاده از این برند مشهور، به‌عنوان کارآفرین در حوزه آیلتس به فعالیت بپردازم و به همین منظور، کسب و کار خودم را در فضای آنلاین راه‌اندازی کردم. با تکیه‌بر تلاش‌ها، مطالعات و البته تجربه‌ی شکست قبلی، برندی که ساختم به من کمک کرد تا هر روز کسب و کارم بیشتر رشد کند.

۱۵ اکیارت تولی در کتاب «قدرت اکنون» می گوید: هرکجا هستید، به‌طور کامل آن‌جا باشید.

۱۶ سم سیلورستین در کتاب «مدل موفقیت» می‌گوید: «رشد پایدار برای حفظ احساس رضایت از خود ضروری است.»

مراجعین زیادی از داخل و خارج از ایران، از آموزش‌ها و مشاوره‌های من و تیمم بهره بردند و البته درآمد قابل ملاحظه‌ای هم به‌دست آوردم، اما این پایان ماجرا نبود. این تغییرها باعث شدند که خودم را بیشتر بشناسم و با خودم بیشتر دوست باشم. احساس کردم که حالا وقت آن رسیده به افراد بیشتری کمک کنم تا به استانداردهای بالاتری دست یابند و رضایت از قابلیت‌هایشان را به حداکثر برسانند. بله، تأثیرگذاری و ارزش آفرینی بیشتر.

افزودن

احساس می‌کردم که دیگر یک بیزنس برایم کافی نیست. می‌خواستم به صاحبان کسب و کاری که با مشکلات عزت نفس روبه‌رو هستند، کمک کنم تا از چاله‌ای که خودم قبلاً تجربه کرده‌بودم، بیرون بیایند. اما برای این کار تنها تجربیات شخصی‌ام کافی نبود. بنابراین، در ابتدا دوره‌های تخصصی روان‌شناسی، مدیریت و برندینگ را با موفقیت گذراندم و سپس با کوچینگ آشنا شدم. دوره‌های تخصصی بین‌المللی کوچینگ حرفه‌ای را تحت نظارت مستقیم فدراسیون جهانی کوچینگ (ICF) و با حمایت‌ها و راهنمایی‌های دکتر شهاب اناری گذراندم تا تبدیل به کوچ حرفه‌ای با استانداردهای سطح اول جهانی شوم.

وقت آن شده بود که با شناخت بیشتر از خودم و با همان عشقی که مسیر تدریس را طی کرده‌بودم، قدم به جاده‌ی کوچینگ نیز بگذارم. در ابتدا با دانش پذیران آیلتس شروع کردم. به‌دلیل سال‌ها کار مشاوره در این زمینه، متوجه شده بودم که افراد در مسیر آمادگی برای آزمون‌های بین‌المللی، علاوه بر نیاز به علم و تکنیک، با چالش‌های ریشه‌ای نیز مواجه هستند. برخی از مراجعین فکر می‌کردند که اصلاً استعداد زبانی ندارند، در حالی‌که برخی دیگر مشکلات جدی در برنامه‌ریزی و هدف‌گذاری، مدیریت استرس، مدیریت زمان، انگیزه، تقویت اراده و

پشتکار، تاب‌آوری و اعتماد به نفس داشتند، که این موضوع باعث تأثیر منفی بر عملکردشان می‌شد. مشاوره در همه موارد قادر به برطرف سازی بلوک‌های ذهنی مراجع نبود و به این نتیجه رسیدم که باید افراد را به یافتن راه‌حل‌های درونی خودشان تشویق کنم تا بتوانند به اهدافشان دست یابند. به‌همین دلیل، در کنار برخی مراجعین به‌عنوان کوچ در قالب رابطه هم‌سطح و برابر قرار می‌گرفتم. نتایج بسیار مثبت بودند و افراد از درون خود به راه حل می‌رسیدند و این باعث می‌شد که خودشان را بیشتر دوست داشته‌باشند و صدای درون شان آنها را متعهدتر کند تا قدم به جلو بگذارند. سرمایه‌گذاری آنها روی خود باعث می‌شد که باورهای محدود کننده را رفع کرده و به خودباوری برسند و بتوانند برنامه‌ریزی و هدف گذاری‌ها را اجرا کنند و این زیبایی کوچینگ است که همه‌چیز مثل چشمه از درون خودِ شخص می‌جوشد.

اکثر مراجعین، همچون خود من، از این تغییرات در بسیاری از ابعاد دیگر زندگی خود هم استفاده می‌کردند. این افراد با دیدن چنین تغییرات بزرگی در زندگی خود، تمایل داشتند که این ارزش را به دوستان و اطرافیان خود منتقل کنند تا آنها هم بتوانند بیشتر خود را دوست داشته‌باشند. در نتیجه هر روز افراد بیشتری به سراغ من می‌آمدند. حالا دیگر مراجعین من فقط متقاضیان زبان نبودند، بلکه گروه‌های خاص دیگری هم که می‌خواستند تصمیم سختی بگیرند و در مسیر رسیدن به هدفشان با چالش و بلوک‌های ذهنی روبه‌رو بودند، به‌تدریج به جامعه‌ی مخاطب من اضافه می‌شدند. به‌طور مثال، افرادی که قصد راه‌اندازی کسب و کار داشتند و در پی این بودند که چطور می‌توانند چشم‌انداز خود را به واقعیت تبدیل کنند و به راه حلی برسند تا تجربه‌ی موفقی مشابه آنچه که در برندینگ فردی و بیزنسی من اتفاق افتاده، داشته‌باشند یا صاحبان کسب و کاری که در طول

پروسه‌ی بیزنس خود به چالش خورده‌بودند و احساس درماندگی می‌کردند. در همه‌ی این موارد، یک ویژگی مشترک وجود دارد که طی فرآیند تفکر برانگیز کوچینگ، سطح آگاهی فرد نسبت به خلاقیت، بهره‌وری و رهبری در وجود خودش افزایش پیدا می‌کند و این باعث می‌شود که عزت نفس او تقویت شده و در نتیجه پتانسیل شخصی و حرفه‌ای خودش را به میزان حداکثری عملی کند. این افراد به این شکل در شناسایی ارزش پیشنهادی و مشتری ایده‌آل، پیدا کردن نیش بیزنس خود برای ارائه خدمات تخصصی، شبکه‌سازی و ایجاد آگاهی در بازار، طراحی قیف فروش و استراتژی سفر مشتری، به موفقیت رسیده و فروششان چندین برابر شده‌است. این موضوع برای آنها برند قوی‌تر، اعتبار و اعتماد بیشتر، موقعیت اجتماعی بهتر، دستاوردهای بیشتر در زمان کمتر و درآمد بالاتر در زندگی را به ارمغان آورده‌است[۱۷].

افزودن، فراتر از تغییر است.

در جاده تحولات حرفه‌ای من، که از مدرسی زبان در هجده سالگی آغاز شد و با تبدیل شدن به کوچ حرفه‌ای بین‌المللی و متخصص برندینگ در حال حاضر ادامه دارد، بدون شک مهم‌ترین نقطه عطف این بود که تصمیم گرفتم برای ارائه ارزش بیشتر به مشتریانم، کوچینگ را انتخاب کنم. این انتخاب به من فرصت داد تا شاهد باشم که افراد می‌توانند با ارتقای سطح آگاهی خود، خودشان را بیشتر دوست بدارند و در مواجهه با چالش‌های تغییر، به پاسخ‌های ارزشمندی در درون خود دست یابند. این مواردی که از درون افراد شکوفا می‌شوند، چه چیزهایی هستند؟

علاقه: اگر خود را در معرض حیطه‌های مختلف قرار دهیم و به خود

۱۷ توماس ادیسون: «اگر ما انسان ها توان واقعی‌مان را اجرایی می‌کردیم، خودمان از خودمان شگفت زده می‌شدیم».

زمان بدهیم، علاقه کشف می‌شود.

توانایی تسلط بر افکار و مقابله با باورهای محدود کننده: باورهای ما و دیگران مستقل از حقیقت محض هستند. بنابراین اگر با خودمان مهربان‌تر باشیم و به‌جای این‌که بگوییم: «من نمی‌توانم» یا «از من گذشته است»، شواهدی علیه باورهای محدود کننده‌ی خود پیدا کنیم، می‌توانیم باور مثبتی را جایگزین کنیم.

برخورد با مفروضات ذهنی: لحظه آینده‌ی ما مستقل از گذشته‌ی ماست. اگر قبلاً کاری را امتحان کردیم و موفق نشدیم، چرا حتماً باید باز هم در آینده شکست بخوریم؟

برخورد با تفسیرها: اگر تعابیر منفی را رها کنیم، قضاوت نکنیم و از خود بپرسیم که چه تفسیر دیگری می‌شود؛ از اتفاقی که می‌افتد داشت، آن وقت است که جلو رفتن ممکن خواهد شد.

برخورد با ترس از شکست و ضرر، ترس از دشواری مسیر: اگر همیشه از خود بپرسیم که در طول یا انتهای مسیر چه لذت‌هایی را می‌توانیم تجربه کنیم و مسیر تلاش نکردن در دراز مدت به کجا ختم می‌شود؟ راحت‌تر با ترس‌هایمان کنار می‌آییم[۱۸].

پشتکار و اراده: اهداف خودمان را دقیق مشخص کنیم، اهدافی که در ما شوق ایجاد کنند. تلاش متمرکز و آگاهانه روی آن اهداف داشته‌باشیم، بازخورد بگیریم، از نقطه ضعف‌های خودمان فرار نکنیم، و علاوه بر نفع فردی به‌دنبال نفع رسانی به دیگران هم باشیم. این‌ها پشتکار و اراده را همچون یک عضله در ما تقویت می‌کنند.

---

۱۸ ریک نیومان در کتاب ریباندرها می‌گوید: «شکست‌ها و موانع می‌توانند سلاحی پنهان باشند.»

تقویت امید: این‌که در اطراف افرادی باشیم که هدف مشابه ما رادنبال می‌کند و از آنها کمک بگیریم[19]. روی نقاط قوت خود تمرکز کنیم و آینده ایده‌آلی که ما را به هیجان می‌آورد در ذهن ترسیم کنیم. برای مقابله با وسوسه‌ها، برنامه‌ریزی کنیم و وقتی به چالش برمی‌خوریم، اتفاقات منفی را مقطعی و غیرشخصی ببینیم و برای تغییر آن شرایط قدم برداریم.

تمرکز: باید عوامل اصلی انحراف ذهنی خود را شناسایی کنیم و از آنها دوری کنیم. به دیگران باید آموزش دهیم که چطور و در چه زمانی با ما ارتباط برقرار کنند. باید توانایی نه گفتن و رد کردن مؤدبانه را داشته باشیم و همیشه برای چیزهایی که داریم و دیگران آرزو می‌کنند، سپاس‌گزار باشیم.

تاب‌آوری: باید زیر فشارها آرام بمانیم و از رفتارهای ناگهانی خودداری کنیم. در مورد مسیر واقع بین باشیم، نه خوشبین. به موفقیت‌های کوچک‌تری که قبلاً داشته‌ایم برگردیم و به سراغ تجربیات جدید برویم. در این صورت، توانایی عبور موفقیت‌آمیز از شرایط دشوار در ما ایجاد می‌شود.

یادگیری: باید شبیه اسفنج باشیم و اطلاعات جدید را از همه منابع به‌صورت پایدار جذب کنیم.

و متوجه شدم که وقتی این پاسخ‌ها از درون هر یک از انسان‌هایی که همراهشان بودم جوشیدند، آنها را به خود متعهدتر کردند و باعث شدند؛ هوشمندانه‌تر (و نه لزوماً سخت‌تر) در مسیرشان تلاش کنند و رویاهایشان را به واقعیت تبدیل کنند[20]. اوج زیبایی زمانی بود که این ارزش‌ها از هر یک از این افراد به دیگری منتقل می‌شد. قانون بنیادی وجود دارد که

۱۹ جیم رون کارآفرین، نویسنده و سخنران امریکایی می‌گوید: «انسان بعد از مدتی میانگین پنج نفر آدمی می‌شود که در اطرافش هستند.»

۲۰ گالیله: «نمی‌توانید به کسی چیزی یاد دهید. فقط می‌توانید به او کمک کنید آن را درون خودش پیدا کند.»

می‌گوید به تمام اهدافت می‌رسی؛ اگر به تعداد کافی از انسان‌ها کمک کنی تا آنها هم به هدف‌شان برسند. انتخاب کوچینگ باعث شد، من هم مانند خیلی از انسان‌های دیگر در جاده زندگی به این ندای درون برسم که: «می‌توانم در زندگی افراد بیشتری تأثیرگذار باشم!» و چه کسی هست که نداند این جاده پایانی ندارد؟! پس خوب است که همگی تا می‌توانیم از سفر و ماجراجویی در این جاده لذت ببریم. لذت رسیدن از تغییری به دیگری و فراتر از آن لذت تبدیل تغییرها به افزودن. لذت بازی بدون برد و باخت، لذت تأثیرگذاری و ارزش آفرینی بیشتر.

و به‌راستی: افزودن فراتر از تغییر است!

و این است جاده‌ی شکوفایی انسان...

* ممنونم که در صفحات این فصل از کتاب همراهم بودید. اگر تمایل دارید در زمینه‌های بیزنس کوچینگ و کارآفرینی راهنمای گام به گام رایگان برای "تبدیل ذهنیت شکست به موفقیت" به‌عنوان هدیه تقدیم‌تان کنم، پیشنهاد می‌کنم به وب‌سایت من به نشانی: www.mohsenkhakicoaching.com (بخش مقالات) مراجعه کنید. همچنین اگر دوست دارید یادگیری‌تان را به چند سطح بالاتر ببرید و امکان کار مستقیم با من به‌عنوان مربی در کنار خودتان را داشته‌باشید، پیشنهاد می‌کنم به بخش «خدمات/ درخواست جلسات کوچینگ» روی وب‌سایت من مراجعه کنید.

فراتر از تغییر: چگونه افزودن به برنامه شما می‌تواند همه‌چیز را تغییر دهد.

زندگی‌نامه نویسنده

محسن خاکی، کوچ حرفه‌ای بین‌المللی تایید شده توسط فدراسیون جهانی کوچینگ (ICF) و متخصص برندینگ است.

مسیر حرفه‌ای خود را در هجده سالگی با تدریس زبان انگلیسی آغاز کرد. تغییرات در این مسیر از همان سال‌های ابتدایی رخ داد، زمانی‌که تصمیم گرفت پس از فارغ التحصیلی از دانشگاه در رشته مهندسی مکانیک، به رشته آموزش زبان انگلیسی روی بیاورد.

شکست در راه اندازی کسب و کار مستقل در آموزش زبان انگلیسی حرکت محسن را متوقف نکرد، بلکه از آن پلی برای تقویت برند خود ساخت. هم‌اکنون با بیش از دو دهه سابقه تدریس و مشاوره زبان انگلیسی، یکی از معتبرترین برندهای آموزشی در حوزه آمادگی آزمون‌های بین‌المللی، به‌ویژه آیلتس، به‌شمار می‌رود. تجربه برگزاری نزدیک به هزار کارگاه

تخصصی در هر چهار مهارت آزمون آیلتس و ده‌ها هزار مراجع موفق در داخل و خارج از ایران، از او کارآفرینی برتر در این زمینه ساخته است.

این تغییرات، میل به ارزش‌آفرینی بیشتر را در محسن تقویت کرد. پس از فراگیری علوم مدیریت و برندینگ و گذراندن دوره‌های تخصصی بین‌المللی کوچینگ، اکنون به‌عنوان کوچ موفق حرفه‌ای نیز در سطح اول جهانی فعالیت می‌کند و با بیش از هزاران ساعت تجربه در کوچینگ تخصصی و کمک به صدها مشتری در سطح بین‌المللی، به صاحبان کسب و کار کمک می‌کند تا در راه تحولات بزرگ به حداکثر عملکرد برسند.

محسن عاشق یادگیری، مطالعه و رشد شخصی خود و دیگران است و به ورزش، سفر و موسیقی علاقه‌مند است.

می‌توانید از راه‌های زیر با او در تماس باشید:

حوزه بیزنس کوچینگ:

 www.mohsenkhakicoaching.com
 mohsenkhakicoaching@yahoo.com
 mohsenkhakicoaching

حوزه آیلتس:

 www.mohsenkhaki-ielts.com
 ieltskhaki@gmail.com
 IELTS Khaki

ماهی بزرگ در تنگ کوچک، تا

شاه ماهی در دریای بزرگ!

دکتر سعید قوامی

ماهی بزرگ در تنگی کوچک، تا شاه ماهی در دریایی بزرگ!
دکتر سعید قوامی

متوسط بودن

زندگی در تنگی کوچک، شاید آرامش‌بخش جلوه کند و همه‌چیز آرام باشد. اما مشکل زمانی پیش می‌آید که شروع به بزرگ شدن می‌کنید. این قانونی است که بارها آن را به‌سختی و تلخی تجربه کردم. خودم این قانون را «متوسط بودن» نامیدم. متوسط بودن یعنی در حدود ۷۰ درصد بودن. بیشتر افراد، از افراد متوسط خوششان می‌آید. این افراد، ماهی‌های کوچک در تنگ‌های کوچک هستند. هیچ‌کس با آنها مشکلی ندارد و همه‌چیز برای آنها تضمین شده و آرام است. چالش واقعی زمانی شروع می‌شود که تلاش می‌کنید تا به ۷۱ درصد برسید. وقتی از مرز متوسط بودن می‌خواهید رد شوید، آن زمان موانع زیادی بر سر راه قرار می‌گیرد. افراد دیگر حس می‌کنند جای آنها را تنگ کرده‌اید و مقابل شما صف می‌کشند تا شما را متوسط نگه‌دارند. بارها به من گفتند نمی‌شود از این مرز گذشت. اما در اعماق قلبم باور داشتم می‌شود. زیبایی ماجرا زمانی است که از مرز متوسط بودن می‌گذرید. در آن هنگام، دوباره حسادت‌ها تبدیل به تحسین می‌شود. گویی فراتر از حدی رفته‌اید که کسی بتواند رقابت کند. گویی دیگر ماهی نیستید، تبدیل به شاه ماهی شده‌اید. این داستان زندگی من است، از ماهی بزرگ در تنگی کوچک، تا شاه ماهی در دریایی بزرگ.

از آسایش تا چالش: داستان مهاجرت در مسیر آکادمیک

با چهارده سال تجربه کار در ایران، زندگی من مرتب بود. شغلی تضمین

شده و شرایط کار عالی داشتم. به عنوان استادیار[21] رسمی کار می‌کردم. مجوز تأسیس آزمایشگاه هم داشتم که رویای بسیاری از افراد بود. در رشته خودم در دانشگاهی که درس خوانده‌بودم، از اعتبار بالایی برخوردار بودم. در سال ۲۰۰۴ با رتبه ممتاز از تز دکترای خودم دفاع کردم. در آن زمان سه استاد بین‌المللی در پروژه پایان نامه داشتم، یکی از این اساتید به نام مارک لوس[22] به من پیشنهاد همکاری به‌عنوان دانشجوی فلوی فوق دکترا[23] در دانشگاه مانیتوبا را داد. اما من علاقه زیادی به ایران داشتم، و با توجه به زندگی مرفه و راحتی که داشتم، پیشنهاد او را قبول نکردم.

در آن زمان پس از چند سال کار در زاهدان تصمیم داشتم به شهر زادگاهم مشهد برگردم و دختر چهار ساله‌ام را به مشهد و کنار خانواده برگردانم. پس از انجام تمام هماهنگی‌ها و پذیرش دانشگاه علوم پزشکی مشهد، با مخالفت دانشگاه زاهدان مواجه شدم. در یک لحظه، در آستانه چهل سالگی، تصمیم گرفتم مهاجرت کنم. از خودم پرسیدم که دوست دارم ماهی بزرگ در این تنگ کوچک باشم، یا دوست دارم ماهی کوچک در تنگی بزرگ باشم. تصمیم خودم را گرفتم، می‌خواستم به بهترین نسخه خودم تبدیل شوم. آن روز به خودم قولی دادم. قول دادم که در کانادا به همان سمتی دست پیدا کنم که در ایران داشتم. سرنوشت خیلی با من ناسازگاری کرد، اما پای قول خودم ایستادم.

تا آن زمان، هیچ گاه از ایران بیرون نرفته بودم. زبان انگلیسی را به‌صورت خودآموز فرا گرفته‌بودم. با درخواست ویزایم ده روزه موافقت شد. با سرمایه اندک، بدون تجربه کار در کانادا و مدرک کانادایی و بدون این که با تکنیک‌های پیشرفته بیولوژی سلولی آشنا باشم که در دانشگاه مانیتوبا

---

21   Assistant Professor
22   Maerk Los
23   Senior Postdoctoral Fellow

استفاده می‌شد؛ اما با دنیایی انگیزه و اراده، مهاجرت کردم.

سرپرستم، پرفسور لوس برای استقبال از من به فرودگاه آمد. کمک‌های بی‌دریغ او در تمام زمینه‌ها در شکل‌گیری تفکر من نقش بزرگی داشت. شاید برخورد امروزم با دانشجویان به خاطر محبت‌های اوست. او به من گفت که من را حمایت می‌کند تا زمان کار، با آرامش خاطر کار کنم. روزی که وارد آزمایشگاه استادم در کانادا شدم، تنها یک مقاله علمی با دوازده ارجاع داشتم. استادم به من اعتماد کرد و زمان ثابت کرد که اعتماد استادم به من درست بود. در چند ماه اول، پس از ساعت کاری، تا پاسی از شب در آزمایشگاه کار می‌کردم تا تکنیک‌ها را کاملاً یاد بگیرم. چند پروژه جانبی هم انتخاب کردم که به‌صورت مستقل کار کنم. این ساعات کاری طولانی، فشار شدیدی به من و خانواده‌ام وارد کرد.

مسیری جدید با یک سؤال: سؤال تحول‌آفرین

در سال اول، روی نقاط ضعف خودم کار کردم. با فرهنگ کانادا آشنا شدم و فعالانه در کلاس‌های مختلف از جمله دوره‌های نگارش و ارائه علمی شرکت می‌کردم. با تمام وجود سعی کردم تفکر انتقادی خودم را توسعه دهم و نگاه علمی خودم را تقویت کنم. در سال ۲۰۰۵، موفق به کسب اولین فلوشیپ پسادکترای بنیاد مراقبت از سرطان مانیتوبا[۲۴] در کانادا و قرار گرفتن بین پنج نفر اول شدم. با نوشتن پیش‌نویس یک پروپوزال و گرفتن کمک هزینه عملیاتی به استادم نشان دادم اعتماد او درست بود. در سال ۲۰۰۶، با به دست‌آوردن رتبه اول پژوهش مانیتوبا[25] برای دوره فلوشیپ پسادکترا موفقیت دیگری در کارنامه کاریم ثبت شد و توانستم حقوق خودم را تأمین کنم. در همان سال اولین مقاله پژوهشی‌ام در کانادا

---

24 CancerCare Manitoba Foundation postdoctoral fellowship
25 Research Manitoba

را در کنـار اسـتادم نوشـتم. ایـن مقالـه در مرحلـه بازنگـری، مسـیر زندگـی مـن را تغییـر داد. ایـن مقالـه بـه مجلـه معتبـر MBC[۲۶] ارسـال شـد و مـورد داوری دقیـق قـرار گرفـت. یـک سـؤال! در یکـی از نظـرات آمـده بـود کـه آیـا ایـن‌کار می‌توانـد باعـث اتوفـاژی[۲۷] شـود؟ در آن زمـان اتوفـاژی مبحـث جدیـدی بـود. شـروع بـه جسـتجو کـردم و بـا دنیـای جـذاب اتوفـاژی آشـنا شـدم و سـفر مـن بـرای شـناخت آن آغـاز شـد. سـؤال دیگـر مربـوط بـه سـنجش کلسـیم بـود و ایـن سـؤال زمینـه آشـنایی مـن بـا دکتـر انـدرو هالایکـو[۲۸] را ایجـاد کـرد.

سـفر بـه ناشـناخته‌ها: از پژوهـش آزمایشـگاهی تـا اعتبـار ملـی و همکاری‌هـای بین‌المللـی

سـال ۲۰۰۷، دوره فلوشـیپ مـن رو بـه اتمـام بـود. تصمیـم گرفتـم به‌خاطـر شـرایط خانوادگـی، مجـدداً به‌دنبـال موقعیـت پسـادکترای دیگـری در دانشـگاه مانیتوبـا باشـم. ارتبـاط مـن بـا دکتـر هالایکـو، یکـی از اسـاتید تأثیرگـذار در زمینـه آسـم و آلـرژی شـروعی بـرای مسـیر جدیـد زندگـی مـن بـود. پیـش از آن در یکـی از پروژه‌هـای جانبـی روی پروتئینـی بـه نـام کالپروتکتیـن کـه از نوتروفیل‌هـا ترشـح می‌شـود کار کـرده بـودم. تصمیـم گرفتـم ارتبـاط آن در آسـم بـا منشـأ نوتروفیلـی را بررسـی کنـم. ایـن ایـده خـوب، نیـاز بـه گـردآوری داده اولیـه داشـت. بـا ۶ مـاه کار و حمایـت اسـتادانم، پروپـوزال پـروژه را آمـاده کـردم و بـرای مؤسسـه پژوهشـی کـودکان مانیتوبـا فرسـتادم و موفـق بـه گرفتـن اعتبـار پژوهـش شـدم. از سـرطان بـه آسـم تغییـر رشـته دادم. بـا پیشـنهاد دکتـر هالایکـو، موفـق بـه کسـب رتبـه اول بـرای گرفتـن فلوشـیب پسـادکترای CIHR GskCLA در کانـادا[۲۹] نیـز شـدم.

دیـد مـن، مطالعاتـم در زمینه‌هـای مختلـف و اشـتیاقم بـه فراگیـری بـه مـن

26 Molecular Biology of the Cell

۲۷ تخریب و بازیافت طبیعی اجزای سلولی در بدن

28 Dr. Andrew Halayko

29 CIHR GSK/CLA postdoctoral fellowship

کمک کرد که در کنار دکتر هالایکو روی پروژه‌های متعدد کار کنم. هم‌راستا با کارم، ارتباطم را با دانشگاه‌های پزشکی ایران و همکارانم در ایران حفظ کردم و همکاری‌های علمی بسیاری را آغاز کردم.

فرصتی برای درخشیدن و کشف مسیرهای جدید

با چهار ماه کار در آزمایشگاه جدید، هفت چکیده آماده کردم و برای کنفرانس ATS[30] فرستادم که در نهایت دو مورد برای ارائه شفاهی و ۵ مورد برای ارائه به‌صورت پوستر پذیرفته شدند. پشتکار و تلاش‌های بی‌وقفه من در آزمایشگاه دکتر هالایکو باعث شد تا دو زمینه آپوپتوز و اتوفاژی در حیطه آسم شناخته شود که اعتبار زیادی را برای ما به‌همراه داشت. سخت‌کوشی و مسئولیت‌پذیری من باعث شد تا به پیشنهاد دکتر هالایکو، برای بزرگ‌ترین فلوشیب پژوهشی ریه در آمریکای شمالی[31] اقدام کنم. رقابت واقعاً فشرده‌بود و تا آن زمان تنها یک نفر در دانشگاه مانیتوبا این جایزه را در سال ۱۹۹۲ از آن خود کرده بود.

حدود شش ماه وقت گذاشتم و برای جایزه اقدام کردم. در سال ۲۰۰۹ جز ده نفر اول و دومین نفری شدم که موفق به کسب این جایزه در دانشگاه مانیتوبا شده‌است. این بزرگ‌ترین موفقیت من بود. براساس شرایط جایزه، باید دانشگاهی که در آن کار می‌کردم به من پیشنهاد شغلی برای سمت استادیاری می‌داد و مبلغ جایزه هم حقوق من را تأمین می‌کرد. واقعاً خوشحال بودم که آینده کاری تضمین شده دارم. دکتر هالایکو پیشنهاد کرد که برای کمک هزینه عملیاتی CIHR براساس پیشنهادهای من در پارکر بی فرانسیس درخواست بدهیم، پیشنهاد او را پذیرفتم و از او خواستم برای شرکت در این جایزه معتبر با هم درخواست بدهیم. در دو مرحله کمک هزینه مالی

30 American Thoracic Society

31 Parker B. Francis Career Development Award Foundation

گرفتیم؛ اما متأسفانه آن‌قدر درگیر علم شدم که از حق و حقوق خودم غافل شدم و سمتی که حقم بود را نگرفتم. همان لحظه بود که فهمیدم آن‌قدر بزرگ شدم که دیگر این تنگ هم توان تحمل من را ندارد.

در آن دوره، به‌خاطر استقلال شخصیت و ارتباطات خوبی که داشتم به کنگره‌های مختلفی می‌رفتم. مقالات اتوفاژی ما نیز چاپ می‌شد و مورد توجه قرار می‌گرفت. در این راستا با دکتر دیکسون در زمینه قلب و عروق آشنا شدم و زمینه اتوفاژی را با پروژه اثر چربی‌های خوب و بد روی قلب ترکیب کردم و بعد از ساعت کاری، در این حیطه پژوهش می‌کردم. حاصل این تلاش‌های بی‌وقفه، چاپ یکی از پر ارجاع‌ترین مقالاتم (بیش از ۱۵۰ ارجاع) در یکی از معتبرترین مجلات پزشکی به نام مرگ و بیماری سلولی (در گروه انتشارات نیچر[32]) و همچنین آشنایی با افراد بیشتر و دوستی‌های جدید بود.

با وجود تمام مشغله‌ها همیشه هدف اصلی این بود که بتوانم دوباره به‌عنوان استاد تدریس کنم. بنابراین به‌عنوان مدرس آزمایشگاه در دانشگاه وینیپگ[33] نیز مشغول به کار شدم. تدریس خیلی موفقی داشتم و نوآوری در آزمون پایان ترم که ترکیب تجربیات من در ایران و کانادا بود، برای دانشجویانم آن‌قدر جذاب بود که ترم بعد اکثر دانشجوها دوست داشتند، در کلاس من باشند. البته این اتفاق نیفتاد و ترم بعدی در آن دانشگاه به من کلاس ندادند.

ماهی بزرگ در دریا: پایداری در مقابل پاسخ‌های منفی

سیصد و بیست درخواست شغلی به دانشگاه‌های مختلف، از نزدیک‌ترین تا دورترین، فرستادم. ترجیح می‌دادم، کنار خرس‌های قطبی زندگی کنم، تا جایی باشم که نمی‌توانستم در آن رشد کنم. در آن زمان ۸۰ مقاله پر ارجاع

32 Nature
33 University of Winnipeg

در مجلات معتبر داشتم و در زمینه اتوفاژی شناخته شده‌بودم. پاسخ‌های منفی را پشت‌سر هم می‌گرفتم و تنها در هفت دانشگاه در لیست مصاحبه قرار گرفتم اما در ۶ مصاحبه رتبه دوم شدم. فشار کاری و مشکلات خانوادگی من بیشتر شد. پس‌اندازی نداشتم و شرایط سختی بود. ده روز مانده به تاریخ آخرین مصاحبه، همسرم رسماً درخواست جدایی داد. از او خواستم صبر کند اما قبول نکرد. او باور داشت که زندگی علمی من ارزشی ندارد. شرایط بد روحی باعث شد تا در بیمارستان بستری شوم. خوشبختانه دانشگاه از من حمایت کرد و مصاحبه را به تأخیر انداخت. روزهای سختی بود و بعد از مرخصی از بیمارستان متوجه شدم؛ اجازه بازگشت به خانه خودم را هم ندارم. اتاق اجاره‌ای کوچک گرفتم، ولی این شوک سخت باعث شد، من بهتری متولد شود. با اختلاف زیاد در مصاحبه رتبه اول شدم. به‌دلیل اهمیت زندگی خانوادگی از طریق وکیلم به همسر سابقم پیام دادم که شغل را گرفته‌ام و اگر تمایل دارد، به زندگی برگردیم. اما او نپذیرفت و در نهایت مسیر زندگی ما از هم جدا شد.

از اکتبر ۲۰۱۳ به‌عنوان استادیار در دانشگاه مانیتوبا شروع به‌کار کردم. در این مرحله، مسیر کاری جدید را با مسیر سخت، طولانی و فرسایشی جدایی آغاز کردم. به خاطر وکالت تامی که به پدر همسرم داده‌بودم، تمام اموالم در ایران متعلق به همسرم شد. دوست، نداشتم دخترم و همسرم با مشکل مالی مواجه شوند. اما خودم توان این را داشتم دوباره از زیر صفر شروع کنم.

تولد دوباره: بازسازی مسیر زندگی و کاری

دوست داشتم شکست‌هایم را فراموش کنم و همچنان در مسیر موفقیت گام بردارم. در شروع، بسیار سخت‌کار می‌کردم تا این که در اواسط سال ۲۰۱۴ لابراتوار پژوهشی خودم را در دپارتمان آناتومی بدن انسان و علوم سلولی در دانشگاه مانیتوبا تأسیس کردم. زمان و انرژی بسیاری را صرف شبکه‌سازی

و پرورش دانشجوهای قوی کردم. با دو دانشجوی ایرانی پرانگیزه و داوطلب کار را شروع کردیم. سپس دانشجوهای دیگری از ملیت‌ها و جنسیت‌های مختلف به ما پیوستند. تلاش شبانه‌روزی من و دانشجوهای فعال و پرتلاشم باعث شد آزمایشگاهم در زمینه مرگ سلولی تثبیت شود و به‌طور میانگین سالی بین ۵ تا ۱۰ مقاله در زمینه اتوفاژی چاپ کردیم. با همکاری‌های بین‌المللی با اساتید دیگر در ایران و همچنین گرفتن رتبه استاد همکار در دانشگاه لهستان، در اروپا هم مطرح شدیم و رتبه دانشگاه‌های لهستان و زاهدان را در مقیاس‌های بین‌المللی بالا بردیم. همان‌طور که به خودم قول داده‌بودم پشتیبان دانشجوهایم بوده و هستم و در این سال‌ها شاهد درخشش آنها و کسب جوایز متعدد آنها بوده‌ام. آرزوی هر پژوهشگری این است که قطره‌ای به دریای علم بیفزاید و احساس می‌کنم توانسته‌ام به این آرزو برسم. در همین مسیر، زندگی شخصیم هم با ازدواج با یکی از دانشجویان فوق دکترایم دگرگون شد.

ایده تأسیس مرکز اتوفاژی در ایران و در خاورمیانه در ذهنم شکل گرفته بود. در سال ۲۰۱۷ بزرگان اتوفاژی دنیا را دور هم جمع کردم تا در شیراز، جایی که تحصیلات دانشگاهی را آغاز کرده بودم، مرکز تحقیقات اتوفاژی را راه اندازی کنم. با وجود این که جزو هیئت مدیره آن‌جا نبودم، برای مرکز بودجه گرفتم و به تربیت دانشجوی دکترا و پسا دکترا پرداختم که واقعاً به آنها افتخار می‌کنم. تمام این دانشجویان موفق هستند و آنها را بدون چشم‌داشتی پشتیبانی کردم. با این که بارها دلسرد می‌شدیم، ولی با همکاری تعدادی از اساتید، مسیر زیادی را رو به جلو طی کردیم.

سفری الهام بخش و غرور آفرین: پرورش نسل‌های آینده دانشمندان

در چهل‌سالگی، مهاجرت کردم و از یک مقاله به‌عنوان نقطه شروع کارم

استفاده کردم. اکنون حدود ۲۸۰ مقاله پژوهشی دارم و در رتبه‌بندی جهانی، براساس رتبه‌بندی وب او ساینس[34]، در حال حاضر نفر اول پژوهش در دانشگاه مانیتوبا و کانادا و ۵۰ نفر برتر در وب‌سایت اکسپرت اسکیپ[35] در جهان هستم. دانشجوی خوبی برای استادانم بودم و سعی کردم از آنها بهتر شوم. امروز به دو کشور ایران و کانادا تعلق دارم و دوست دارم برای هر دو کشور افتخارآفرین باشم. من متعهد به پشتیبانی از دانشجویان با هر ملیت و جنسیتی هستم. در سال‌های اخیر، تلاش کردم تا در برخی مسائل کشورم نقشی مثبت ایفا کنم و دوست دارم از دانشجویان زن ایرانی با گرایشات جنسی مختلف[36] بیشتر حمایت کنم و نسبت به مسائل اجتماعی بی‌تفاوت نباشم. امیدوارم توانایی‌ها و تلاش‌هایم بتوانند تغییرات چشمگیری را به وجود آورند.

از تمامی دانشجویان، همکاران و دوستانی که در این متن به نام آنها اشاره نکردم، عذرخواهی می‌کنم، اما می‌خواهم بدانند که هرکدام از آنها برایم بسیار مهم و عزیز هستند و به داشتن آنها افتخار می‌کنم. دوست دارم در این‌جا، از همکار عزیزم، دوست خوبم، زنده‌یاد استاد دکتر محمد هاشمی یاد کنم که ساعات زیادی را دوستانه، درباره علم بحث کردیم. به تک تک افرادی‌که در مسیر زندگی مرا همراهی کردند، افتخار می‌کنم و کار در کنار آنها برای من سرشار از لذت بوده است و امید دارم روزی شاگردانم بتوانند از من پیشی بگیرند. بدی دیدم، اما سعی کردم بدی نکنم و شعر مولانا را بارها مرور کردم «گر تو با بد بد کنی، پس فرق چیست؟». امروز خوشحالم که سهم کوچکی در دریای علم دارم و دوست دارم به تک تک دانشجویانم کمک کنم که به جایگاه و مرتبه‌ای برسند که فراتر از من باشد.

34	Web of Science
35	Expertscape
36	LGBT, LGBTQ, etc.

ماهی بزرگ در تنگی کوچک، تا شاه ماهی در دریایی بزرگ!

زندگی‌نامه نویسنده

دکتر سعید قوامی، دانشیار برجسته در دانشگاه مانیتوبا و ادیتور و داور چندین مجله معتبر پزشکی است. او نقش برجسته‌ای در درک فرآیندهای سلولی، به‌ویژه در زمینه‌های آپوپتوزیس و اتوفاژی داشته است و به سبب تعهد خود در شکل دادن آینده تحقیقات علمی و آموزش، شناخته شده‌است.

دکتر سعید قوامی، دوره لیسانس از دانشگاه شیراز، دوره کارشناسی‌ارشد و دکترا از دانشگاه تربیت‌مدرس در رشته بیوشیمی بالینی با نمره ممتاز فارغ التحصیل شد. او در دوره پسادکترا در زمینه تنظیم فعالیت‌های سلولی و مرگ سلولی، پژوهش‌های نوآورانه بسیاری انجام داد و جوایز ارزنده‌ای از جمله جایزه پسادکترای CIHR/GSK/CLA در سال ۲۰۰۷ (نفر اول در کانادا) و جایزه توسعه شغلی پارکر بی. فرانسیس (جز ۱۰ نفر برتر در آمریکای شمالی) در سال ۲۰۰۹ را دریافت کرد.

به‌عنوان یک دانشمند و استاد، دکتر قوامی تلاش‌های بزرگی را برای پژوهش‌های علمی انجام داده است و تعداد چشمگیری مقاله علمی در مجلات معتبر منتشر نموده‌است. تاکنون بیش از ۱۸ هزار بار به مقالات او ارجاع شده‌است که این مساله نشان دهنده تأثیر و اهمیت کار او در جامعه علمی است.

جوایز و افتخارات دکتر قوامی بیشتر از آن است که بتوان گذرا به آنها اشاره کرد، اما همین بس که دکتر قوامی، رتبه‌بندی دانشگاه‌های بسیاری را به‌تنهایی بالا آورده‌است و نه‌تنها برای کانادا، بلکه برای کشورش ایران هم خدمات ارزنده‌ای را ارائه کرده است. او مرکز اتوفاژی را برای نخستین بار در خاورمیانه در کشور ایران دایر کرد و تمام توانش را به‌کار برد تا به دانشجوهای هم وطن خود کمک کند.

دکتر سعید قوامی، فراتر از دستاوردهای برجسته خود، به پرورش نسل بعدی دانشمندان متعهد است و مهم‌ترین افتخار او تربیت دانشجویانی است که در آزمایشگاه او مسیر موفقیت و درخشیدن را آغاز کردند. او انسانی دلسوز، فرهیخته و مهربان است، که با قلبی پرمهر به تمام دانشجویانش، فارغ از جنسیت و فارغ از نژاد کمک می‌کند. تعهد وی به فرهنگ تحقیق و پژوهش علمی به خارج از کلاس درس گسترش می‌یابد، و او زمان و تلاش قابل توجهی را صرف فعالیت‌های اجتماعی، حمایت از دانشجویان در زمینه‌های متنوع و همکاری‌های بین‌المللی می‌نماید. او الهام بخش افراد بی‌شماری است تا مرزهای دانش را به چالش بکشند و برای دستیابی جامعه بشری به آزادی، صلح و زندگی بهتر تلاش کنند.دکتر قوامی علاقمند به همکاری‌های جدید و شبکه‌سازی است. برای ارتباط با او یا کسب اطلاعات بیشتر درباره کارهایش، می‌توانید از طریق کانال‌های زیر با او در ارتباط باشید:

@cellautophagy

Saeid Ghavami

(researchgate.net): Saeid Ghavami

نقشی نو بر بوم وجود خویشتن

مژگان نصیری

نقشی نو بر بوم وجود خویشتن
مژگان نصیری

بازآزمودن زندگی
توانمندی این را داریم سبک جدیدی از زندگی را برای خود خلق کنیم که اثر انگشت و رنگ و بوی خودمان را دارد.

آیا سبک زندگی تو اثر انگشت خودت را دارد؟!

در اعماق وجودم، زمزمه‌ای ظریف برانگیخته، فراخوانی از قلمروهای دوردست تغییر. ندایی است که مرا به‌سمت سرزمین‌های ناشناخته می‌خواند. در میان ریتم بی‌وقفه بانکی شلوغ، چیزی غریب می‌خواستم که نسبتی با محیط اطرافم نداشت، چیزی که فراتر از قلمرو شغلی معمولی و کارهای روزمره بود. رؤیایی در سر داشتم، رؤیایی برای ترسیم دوره جدید در زندگی. می‌دانم از این شروع مبهم و از این خطوط نامفهوم چیز زیادی درنیافتی! و این درست همان حسی است که پس از «بازآزمودن زیستن» خود دچار آن شدم.

این فصل درباره گم‌شدن و تلاش برای بی‌نهایت بار زیستن است و می‌توانی از همین جا یا هر کجای دیگر، خواندن آن را متوقف کنی و به کارهای روزمره‌ات برسی و باز برگردی. و از هرکجا که می‌خواهی خواندن را از سربگیری. اما در انتهای آن، من و تو، خواننده، در جهانی مشترک خواهیم بود، شجاع‌تر و شاید بهتر.

سرآغاز سفرها
حسابداری حاصل انتخاب هجده سالگی‌ام بود. بین دو رشته روان‌شناسی و حسابداری در دانشگاه شهید بهشتی، دومی را به توصیه مشاور انتخاب

کردم زیرا به‌اعتقاد مشاورم، حسابداری آینده بهتری داشت. به‌عنوان حسابدار سال‌ها در بانک کار کردم تا این‌که در سن سی سالگی به خود آمدم و دیدم خوشحال نیستم. در آغاز سی سالگی می‌خواستم سفر خویش را انتخاب کنم و شروع به مطالعه در حوزه روان‌شناسی و فلسفه کردم. از آنجا که این فرایند سفر طولانی و بدون نتایج فوری بود، تصمیم گرفتم حسابداری را هم ادامه بدهم. فکر می‌کردم شاید باید بیشتر و بیشتر در حسابداری پیشرفت کنم. باید بهترین شوم و خوشحال باشم.

در آن زمان انجمن حسابداران خبره انگلستان قراردادی داشت که طبق آن دانشجوها می‌توانستند با گذراندن دوره حسابداری و مدیریت، حسابدار خبره شوند. پس از شش ماه انگلیسی خواندن و مطالعه برای امتحان، وارد دوره شدم. در همین دوران بود که برای خلق زندگی بهتر، تصمیم به مهاجرت گرفتیم. مهاجرتی به ظاهر در جغرافیای جهان و به باطن در جغرافیای درونم.

این مسئله که می‌توانستم رشته‌ام را در کانادا ادامه دهم برایم قوت قلب بود. در کانادا به گذراندن باقی‌مانده ترم آخر دوره مشغول شدم؛ امّا در سکوت و تنهایی پس از مهاجرت، در فشارها و چالش‌های جدید، متوجه شدم که با وجود عشق بسیار به مطالعه، درس‌های حسابداری را با سختی و بی‌علاقه می‌خوانم. اولین بار بود که می‌شنیدم علاقه به رشته تحصیلی عامل بسیار مهمی در انتخاب است. از مردم می‌شنیدم که باید کار خود را با تمام وجود دوست داشته باشی. باید آن را «انتخاب» کرده باشی. من، چطور این مهم‌ترین عامل را ندیده بودم؟ منی که سال‌ها درگیر روان‌شناسی و فلسفه بودم. چطور زندگی خودم را تا این لحظه نیازموده بودم؟ و اینجا بود که سفر خودشناسی و بازنگری دوباره زندگی من آغاز شد و شروع به بازنگری انتخاب‌هایم کردم. انتخاب‌های من تحت‌تأثیر چه نوع نگاه، باور یا نیاز بوده است و مهم‌تر این که چقدر باورها و نیازها

و ارزش‌ها و خواسته‌هایم متعلق به خودم بوده است یا جامعه، خانواده، فرهنگ و عوامل دیگر آن‌ها را برای من تعریف کرده است.

علی‌رغم فشارهای مهاجرت، همه‌چیز را تغییری بنیادین دادم. تصمیم ساده‌ای نبود. ابتدا ۶ ماه مرخصی گرفتم و در آن ۶ ماه، تنهایی را به فرصتی تبدیل کردم برای خلوت، تأمل، بازنگری و اندیشیدن. با وجود تردیدهای بسیار، تصمیم گرفتم حسابداری را به‌طور کامل رها کنم و با همه آنچه از ۱۸ سالگی آموخته‌بودم، وداع کردم. برای من شبیه به تجربه‌ی فقدان و مرگ بود.

سفر خودشناسی: رمز گشایی معنای زندگی

تصمیم گرفتم رها و آزاد باشم و به علایق، آرزوها، خواسته‌ها، نیازها و توانمندی‌هایم بپردازم. می‌خواستم آن‌ها را بازنگری کنم و این بار آگاهانه برگزینم. در مواجهه با ضعف‌ها و کاستی‌هایم صادق بودم و آن‌ها را در آغوش می‌کشیدم. شروع به تصویر کشیدن، مژگانی بهتر با زندگی عالی‌تر کردم. در این سکوت و رهایی متوجه شدم که همیشه مشغول مطالعه کتاب‌های روان‌شناسی هستم.

در سفری که به ایران داشتم، یادداشت‌های گذشته‌ام را پیدا کردم و در بازگشت به کانادا برخی را مرور کردم. شب چشمم خورد به جمله‌ای تکان دهنده از سقراط: «زیستنی که آن را باز نیازموده باشی، ارزش زیستن ندارد».

ناگهان به خود آمدم و فکر کردم که نه‌تنها رشته تحصیلی، شاید سایر باورها و انتخاب‌های من هم با ناآگاهی صورت گرفته و فرهنگ و باورهای غلط و تأثیرات جامعه، مرا به سفری که سفر من نبود و در آن خوشحال نبودم سوق داده‌بود. از خودم می‌پرسیدم که آیا می‌توانی باورهای سالیان دراز را رها کنی؟ و جواب این بود که سخت و دردناک است؛ اما می‌توانی.

مرگ در انتهـا منتظر اسـت و زمـان انـدک. این‌جا بـود کـه آسـودگی شناختـه شـده و زیسته‌ام دیگـر کافـی نبـود. از سـکوت و سـکون رهـا شـدم و راهـی جدیـد را کنجکاوانـه و سرشـار از اشـتیاق آغـاز کـردم. هیجانـی ناشـناخته روح بی‌قـرار مـرا به‌سـوی فـرار از یکنواختـی دنیـای اطرافـم می‌بـرد. در اعمـاق وجـودم، کورسـوی شـجاعتی شـروع بـه سوسـو زدن کـرد. عـزم خـود را بـرای پیگیـری معنـای عمیق‌تـری از زندگـی جـزم کـردم. سـفر مـن مشـخص بـود: در روان‌شناسـی و فلسـفه غـور می‌کـردم و تـک تـک انتخاب‌هایـم را دوبـاره بـه چالـش می‌کشـیدم. به‌دنبـال شـناخت خویشـتن و در سـاحتی بزرگ‌تـر، دنبـال شـناخت انسـان بـودم. تمام زندگـی و باورهایـم بـه عنـوان زن شـرقی بـه لـرزه در آمده‌بـود. از پوشـش گرفتـه تـا انتزاعی‌تریـن موضوعـات ماننـد تعریـف رفتـار زن در جهانـی انسان‌محـور. برایـم روشـن بـود: تعریف‌هـا بـر مـن، بـر مـا، بر همگـی مـا، تحمیـل شـده بـود. در هـم تنیدگـی مـا و اجتمـاع و فرهنگ‌مـان، کورمـان کـرده بـود. تصمیـم گرفتـم در ایـن تاریکـی شـمعی روشـن کنـم.

معنـای زندگـی را در پرسش‌گری یافته‌بـودم. یـادم هسـت شـبی به‌همسـایه دیـوار بـه دیـوار خـودم فکـر می‌کـردم. از خـودم پرسـیدم «اگـر مـادر او مـادر مـن بـود چقـدر زندگـی مـن، باورهـای مـن و تعریـف مـن از زندگـی متفـاوت بـود؟». در آن شـب بـا تصـور ایـن مسـئله، حـال غریبـی داشـتم و وارد حـوزه درسـت و نادرست‌هـا شـدم و این‌کـه ایـن درسـت و نادرست‌هـا چگونـه بـر مـا تحمیل‌شـده‌اند؟ هربـار کـه بـاوری در مـن فـرو می‌ریخـت، زمیـن می‌خـوردم. تکیه گاه‌هـای قبلـی از میـان برداشـته می‌شـد و بایـد از نـو تکیه گاه‌هایـی تـازه می‌یافتـم. گاهـی دوسـت داشـتم بـه دورانـی برگـردم کـه می‌توانسـتم بسـیاری از مسـائل را به‌راحتـی بـاور کنـم و بپذیـرم. زمانی‌کـه ذهنـم در حـوزه انتخـاب، آزادی و اراده مشـغول بـود، خاطـرم هسـت مقالـه کوتاهـی را بـه تصـادف پیـدا کـردم کـه مـرا بـا روان‌درمانـی اگزیستانسـیال آشـنا کـرد: آنجـا کـه روان‌درمانـی و

فلسفه درهم‌تنیدند و درمان مسیر است، نه هدف. شعر می‌خواندم و خودم را با این حوزه بیشتر و بیشتر آشنا می‌کردم.

ما به خلق خویش در کاریم!

در مسیر پر پیچ و خم شناخت و سکوت و خود آگاهی برای این‌که در اجتماع حضور داشته باشم و چون اعتقاد داشتم به نقل از مارکس؛ کار، شرف انسان است، با سابقه کاری خوبی که داشتم برای کار در بانک درخواست دادم و اولین درخواستم با موفقیت همراه بود، کار در بانک را به‌صورت پاره وقت شروع کردم. می‌خواستم علاوه بر این که با فرهنگ کشور جدیدم، با زبان انگلیسی و با مردم بیشتر آشنا می‌شوم، فرصت مطالعه و کند و کاو در دنیای درونم را هم داشته باشم. در آن دوران در دنیای خشک بانک و اعداد و ارقام، آشنایی با افرادی‌که از فرهنگ‌ها و کشورهای مختلف با اعتقادات و باورهایی متفاوت بودند، برای من بسیار جذاب و زیبا بود.

آن‌قدر غرق شناخت و تجارب جدید شده‌بودم که حتی پس از ساعات کاری نیز به یادگیری، توانمندسازی، دوره، کتاب‌خواندن، جستجو و کارهای داوطلبانه می‌پرداختم. در این زمان بود که کم‌کم صدایی درونی به من می‌گفت که: چرا خودت برای شروع آنچه در سر داری اقدام نمی‌کنی؟ در همان زمان، فهمیده بودم که در بانک بین کارهای روزانه‌ام کتاب‌های روان‌شناسی می‌خوانم. مرتب به ساعتم نگاه می‌کردم و منتظر بودم که ساعت کاری تمام شود و مشغول مطالعه شوم. در آن برهه زمانی فهمیدم که کار بانک را باید رها کنم. با آن که چهار سال تا بازنشستگی باقی مانده‌بود.

هدایت‌گری که ادامه سفر را ممکن کرد.

در حین همین سفرها و پیچ در پیچ‌های زندگی دچار مشکلاتی با همسر

مهربانم شدم. او همیشه در سفر بود و من نیز در سفر خودشناسی. اما از آنجا که هر دو عاشقانه همدیگر را دوست داشتیم، تصمیم گرفتیم این مشکل را نزد درمانگری خبره ببریم و از او کمک بخواهیم. در همین مقطع بود که با دکتر محمد ولی سهامی آشنا شدیم. همسرم به او مراجعه کرد و کم‌کم روابط صمیمانه‌ای شکل گرفت. پس از مدتی او از ما خواست که یا دوست او باشیم یا درمان‌جو. از نظر خردمندانه‌ی او، هر دو این‌ها هم‌زمان امکان‌پذیر نبود. پذیرفتم که درمان‌جو باشم و همسرم نیز دوست او بماند.

در آن روزها، با هدایت و راهنمایی‌های درخشان دکتر سهامی، روان‌پزشکی برجسته و خردمندی بی‌همتا، سفری خارق‌العاده را تا میانه راه رفته بودم، سفری به هزارتوی پیچیده وجود خودم. از طریق جلسات درمانی، با ظریف‌ترین جنبه‌های وجود خودم، همان‌ها که در شکاف‌های سایه‌دار آگاهی پنهان‌شدند، روبرو شدم. آسیب پذیری‌ها، ترس‌ها و ناامنی‌های من در فضای مقدس اتاق درمان آشکار می‌شدند و در انتها سمفونی صمیمی از احساسات را ایجاد می‌کردند که مدت‌ها برایم ناشناخته و نادیده باقی مانده‌بود. با کشف هر لایه زیرین در اعماق ناخودآگاهم، به نظر می‌رسید که داشتم لایه‌های مبهم یک گنج باستانی را باز می‌کردم و اندوخته‌ای از ثروت‌های دفن شده در درون خود را می‌یافتم. با تلاش بی‌نظیر و بی‌وقفه برای کشف خویشتن، مرواریدهای تاب‌آوری خودم را دانه دانه از اقیانوس درونم بیرون کشیدم. هر مروارید در سختی و تاریکی مبارزه و تلاش برای خودآگاهی پرورش یافته‌بود و در نهایت به شاهدی تابناک برای روحیه پرتحمل من تبدیل شده بود. به چراغ پرقدرتی که در تاریکی می‌درخشید و نورش سیاهی سرزمین‌های ناشناخته پیش روی من را می‌شکافت.

همان‌طور که سفر درون‌نگر را ادامه می‌دادم، در هنر درمان آرامش پایدار را پیدا کردم. راهنمایی حیرت‌انگیز دکتر سهامی مانند قلم موی نقاشی استاد بود و به‌طرز دلپذیری لکه‌های شک و تردید را از بوم وجودم می‌زدود تا زیبایی واقعی آن را آشکار کند. بر روی بوم وجودم، الگوهای پیچیده‌ای از هم‌ذات‌پنداری با خویشتن را ترسیم کردم و با دقت رنگ‌های درک و بخشش را در هم آمیختم. رقص پیچ در پیچی بود از کشف خود، اثری هنری که برای همیشه تالار قلب مرا می‌آراست.

ما این نیستیم که هستیم، ما در حال شدنیم!

با نگاه به مسیری که آمده بودم و تمامی تجربیاتی که داشتم و خصوصاً تجربه کارهای داوطلبانه، می‌خواستم در مسیری وارد شوم که دوست داشتم و شاید بهتر بود از هجده سالگی شروع می‌کردم. از سوی دیگر، بخشی دیگر از وجودم باور داشت هر چیزی در زمان خود باید رخ دهد و اکنون نیز ابداً برای چنین بازآفرینی خویشتن دیر نبود. آگاهی من، محصول تمام تجربیاتی بود که اندوخته‌بودم. آگاهی هر روز انتخاب‌های آن روز را رقم می‌زد و انتخاب هر روز، فردای آن را رقم می‌زد. به این باور رسیده بودم که شاید فردا از انتخاب‌های امروز خوشحال نباشم و آنگاه باز هم براساس آگاهی‌هایم انتخاب خواهم کرد.

چند سؤال را مرور می‌کردم:

اکنون که هستم؟ و چه چیز یا کس دیگری (می‌توانم) باشم؟ چرا این شدم که هستم؟ چطور این را که هستم گسترش دهم؟

فکر می‌کردم به شناسایی صدای خودم نزدیک شدم و دوست داشتم به دیگران کمک کنم و به آن‌ها انگیزه بدهم. فهمیدم مسیر من در روان‌شناسی مثبت و کوچینگ است. شروع به ثبت نام در دوره‌های کوچینگ،

مدیریت استرس، تحلیل رفتار متقابل و کلاس‌های مختلف دیگری کردم. رویای همیشگی من تحقق پیدا کرد و دیگر به کاری می‌پرداختم که در حوزه فلسفه و روان‌شناسی بود تا شغل، کار، بازی و اشتیاق با هم در یک جا جمع شوند. کاری داشتم که اولین مصرف کننده خودم بودم.

و اما سفرم ادامه داشت و بعد از مدتی، با تجسم زندگی غنی‌تر و جهانی زیباتر، تصمیم گرفتم محلی را تأسیس کنم، تا همه را دور هم جمع کنم و تجربه زیسته خودمان را به اشتراک بگذاریم. این مسیر را تا آنجا ادامه دادم که اکنون پس از مدتی که از تأسیس کانون نگرش نو در کانادا می‌گذرد، بیش از پیش می‌دانم که چقدر این مسیر را درست آمده‌ام.

فقط زنده بودن را رها، و زندگی‌ کردن را آغاز کنیم و به «چگونه زندگی‌ کردن» اهمیت دهیم.

چرا سفرها و راه‌ها بسیارند اما وقتی به پایان می‌رسیم تنها یکی است؟ آنجا، در ابتدا، یادت هست گفتم شاید شجاع‌تر شویم؟ چون واقعیت این است که پایان تنها و تنها یکی است: عالی‌جناب مرگ. از آنجا که شروع می‌کنم شجاع‌تر می‌شوم. از آنجا که فکر می‌کنم، هر لحظه از زیستن را می‌توانم به آزمون بگذارم. می‌توانم از هر آن کجا که دوست ندارم بگذرم و راه‌ها و سفرهای بی‌شماری را بروم.

پایان یکی است.
اما نه سرآغازها و راه‌ها.
نه ایستگاه‌ها و اتفاقات و نه باورها و سرزمین‌ها.
هنوز دارم همه را فرو می‌ریزم و باز می‌سازم و البته دردناک است.

بیایید جرئت کنیم خلاق باشیم و بیرون از کلیشه و چهارچوب‌های تعریف شده و آشنا، طرح و رؤیا بپرورانیم. به آزادی خود در انتخاب زندگی دلخواه باور داشته‌باشیم. مسئولیت تحقق خویشتن خویش را بپذیریم و دردش را به

جان بخریم.

بیایید مردن پیش از آن‌که بمیریم را تجربه کنیم. و باردار خویشتنی جدید شویم. او را تولد ببخشیم و شکفتن آن را نظاره‌گر باشیم. پی در پی نو شویم و لایه‌ای بر لایه‌های خویش بیافزاییم. بیایید به انسانیت بپیوندیم.

نقشی نو بر بوم وجود خویشتن

زندگی‌نامه نویسنده

مژگان نصیری مربی رشد و توسعه فردی در کانادا است و در زمینه‌های فلسفه اگزیستانسیال و روان‌شناسی تحصیلات گسترده‌ای دارد. او از دانش و اصول درمان وجودی برای کمک به دیگران در مواجهه با چالش‌های زندگی استفاده می‌کند.

مژگان به مشتریان خود کمک می‌کند تا سفر عمیقی در خودکاوی آغاز کنند، جایی که رازهای وجود خود را کشف کرده و قادر به مواجهه با واقعیت‌های صادقانه و عمیق موجودیت و محدودیت‌های اجتناب‌ناپذیر خود می‌شوند. آن‌ها مسئولیت انتخاب‌های خود در رفتار، احساسات، تنهایی، اقدامات و عدم اقدامات را به‌عهده می‌گیرند.

آموزش‌های او فراتر از مرزهای سنتی است، فرد را در پرسش‌های

اگزیستانسیال درگیر کرده و پتانسیل هر شخص را بیرون می‌کشد. روش‌شناسی او ترکیبی از بینش‌های وجودی، مهارت‌های روان‌شناختی و تکنیک‌های مبتنی بر عمل است که به شکلی شخصی‌سازی شده برای نیازهای خاص هر فرد طراحی شده‌است.

مژگان به مشتریان کمک می‌کند تا به‌صورت فعال و خلاقانه یک تصویر قوی‌تر از خود بسازند و زندگی هدفمند، معنادار، مفید و پرشوری برای خود خلق کنند.

علاوه بر این، مژگان بنیان‌گذار "انجمن دیدگاه نو" است که به‌عنوان مرکزی برای یادگیری و بهبود زندگی عمل می‌کند. از طریق موسسه‌اش، خدماتی مانند روان‌درمانی، آموزش مهارت‌های زندگی و مربیگری را به صورت خصوصی و گروهی ارائه داده و به بسیاری از افراد کمک کرده‌است تا با استفاده از رویکردهای نوآورانه‌ای مانند روان‌شناسی اگزیستانسیال، زندگی خود را دگرگون کنند.

برای تماس با مژگان و اطلاعات بیشتر در مورد مرکز، می‌توانید از کانال‌های ارتباطی زیر استفاده کنید:

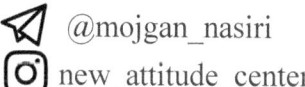 @mojgan_nasiri

new_attitude_center

اردیبهشت

دکتر زهرا هاشم‌زاده

اردیبهشت
دکتر زهرا هاشم‌زاده

گر اژدهاست بر ره، عشق است چون زمرد

از برق این زمرد تو دفع اژدها کن

دیوان شمس

در کتاب‌فروشی من، خانه حقیقی‌ام

نور آفتاب بعد از ظهر، از میان ذرات معلق غبار عبور کرده و روی قفسه کتاب‌هایی که دیروز رسیده‌اند، می‌افتد. به آدم‌های مشتاقی نگاه می‌کنم که غرق تماشای کتاب‌ها هستند. این‌جا، اردیبهشت، آرامش‌بخش‌ترین جای زمین برای من است. کتاب‌فروشی کوچکی که همیشه دلم می‌خواست داشته باشم. اردیبهشت، ماه دوم بهار است. زمانی در زمستان می‌پنداریم دیگر شروعی دوباره در کار نخواهد بود. اما شروعی دوباره، کهن الگوی طبیعت است و بخشی از طبیعت هستیم. در برق چشمان این آدم‌ها، شوق واکاوی ناشناخته‌ها، شوق کشف راه‌های نرفته، رویای پایان دادن به سرگردانی، جست‌وجوی خوشبختی، خودشناسی و ماجراجویی را می‌بینم. سه سال است که ما این مجموعه را در کاشان راه‌اندازی کرده‌ایم. رسالت ما ایجاد حال خوب در مخاطبانمان است، نه فقط با کتاب، بلکه با ایجاد دوستی‌های جدید، برگزاری دورهمی‌های دوستانه، و روشن کردن شمع‌های کوچک در مسیر پیشرفت و زندگی.

تو را نمی‌شناسم. نمی‌دانم کجای مسیر زندگیت، کجای آن انبوه انتخاب‌های درست و اشتباهت، آن لحظه‌های شعف و افسردگیت ایستاده‌ای. شاید یکی از همین رفقایی باشی که بین کتاب‌ها سرگردان هستند. اما می‌خواهم داستان خودم را برای تو تعریف کنم، که داستان توست.

داستان ما که می‌ترسیم دوباره شروع کنیم. داستان ما که دیگران را خوب می‌شناسیم؛ اما خودمان را اندک، بعد، کلید خوشبختی را هنوز پیدا نکرده، گم می‌کنیم.

سرآغاز قصه من

در خانواده‌ای بزرگ شدم که کتاب مقامی ارزشمند داشت. من و برادرانم از کودکی کتاب‌خوان بودیم. پدر و مادرم به قدری عاشق کتاب و کتاب‌خوانی هستند که در حال حاضر هم دوران بازنشستگی خود را با خواندن کتاب سپری می‌کنند. کتاب، خیال من را آتش زده‌بود و به وجود من شکل داده‌بود. دنیایی دیگر بود، دنیایی نافانی. از کودکی تا امروز، که ۴۱ ساله شدم و در اردیبهشت نشسته‌ام، کتاب برای من همواره حیرت‌انگیز بوده است.

در مدرسه، به‌عنوان یکی از بهترین دانش‌آموزان شناخته می‌شدم. در زمان امتحان ورودی دانشگاه، مجبور بودم تصمیم بگیرم که در کدام رشته ادامه تحصیل دهم. با این که انتخاب قلبی من دندانپزشکی نبود، اما در آن زمان، بهترین دانش‌آموزان رشته تجربی، علاقه زیادی به رشته‌های پزشکی و دندانپزشکی داشتند. من نیز این مسیر را پیش گرفتم و در این مسیر تا انتها پیش رفتم. همیشه جزو بهترین دانشجوها بودم اما بهترین بودن، ارتباطی با درستی مسیر ندارد. به تجربه متوجه شدم که این رشته با روحیاتم تناسبی ندارد و تصمیم به ادامه تحصیل گرفتم.

رشته تخصصی پاتولوژی فک و صورت برای من بهترین گزینه بود، زیرا این رشته را باید با مطالعه کتاب‌های بسیار گذراند و برای من این‌کار لذت بخش‌ترین کار دنیا بود. کتاب درسی و غیردرسی از نظر من فرقی نداشت و لذت مطالعه برای من شادی آفرین بود. به همین خاطر در پایان دوره نیز بهترین نمره را کسب کردم با وجودی‌که در این دوران دخترم

«پرگل» تازه به دنیا آمده‌بود و این خود به‌سختی مسیر اضافه می‌کرد اما با همراهی همسرم، «دکتر مهران صفائی» که همیشه همراه و پشتیبان من بود و همچنین شاگردی در محضر اساتیدی که در کنار درس پاتولوژی درس اخلاق و زندگی می‌دادند، مسیر ادامه تحصیل به‌طور متناقضی هموار و ناهموار می‌گذشت. بعد از این دوران تصمیم گرفتم به‌عنوان استاد در دانشگاه فعالیت کنم؛ زیرا از ارتباط با دانشجویان لذت می‌بردم و به تدریس و پژوهش نیز علاقمند بودم.

وقتی زندگی من را بیدار کرد.

در اوایل سال‌های حضورم در کاشان، یک‌بار در سال در دانشگاه، جلساتی با نام «ضیافت اندیشه» برگزار می‌شد که هدف آن، بحث و تبادل ایده‌های فرهنگی، اجتماعی و سیاسی روز بود. در سال ۹۷، دکتر کاظم‌زاده عطوفی به‌عنوان سخنران در یکی از این جلسات شرکت داشتند و درباره حال خوب، روابط بین فردی و ارتباطات مؤثر صحبت کردند. سخنرانی ایشان به‌طور خاصی من را جذب کرد و پس از پایان جلسه به ایشان مراجعه کردم و خواستم که اسلایدهایشان را در اختیارم قرار دهند تا بتوانم این مباحث را به دانشجویان خود منتقل کنم. ایشان با روی باز به این درخواست پاسخ دادند و اسلایدها را برای من ایمیل کردند. بسیار مهربانانه به من گفتند که در انتشار این اندیشه‌ها به هر شکلی کمک می‌کنند. این اتفاق، سرآغاز ماجراجویی‌های من در حوزه شناخت خودم بود. در آن زمان تصمیم گرفتم که آخر هر کلاس پاتولوژی، به تدریس مباحث مرتبط با ارتباطات فردی و روان‌شناسی بپردازم تا به دانشجویانم کمک کنم در ارتباط با دیگران موفق‌تر باشند. بازخوردی که از دانشجویان گرفتم بسیار مثبت بود. موضوعات بسیار متنوعی مانند رفتار جرئت‌مندانه، افزایش اعتمادبه‌نفس و چگونگی ارتباط مؤثر برای دانشجویان بسیار جذاب

بود، زیرا تا آن زمان در هیچ‌کدام از دوران تحصیل، آموزشی در این زمینه ندیده بودند.

نمی‌دانم آن‌ها نیز مثل من بودند یا نه، اما در برق چشم‌های‌شان امکان شروعی تازه، امکان بهتر شدن، امکان بهتر بودن را می‌توانستم به وضوح ببینم. بسیاری از آن‌ها مانند من قربانی چرخه معیوب شده‌بودند. متأسفانه در کشور ما، سیستم آموزشی پیش از دانشگاه به‌گونه‌ای طراحی شده‌است که دانش‌آموزان توانمند، معمولاً به‌سمت رشته‌های پزشکی و مهندسی هدایت می‌شوند و توانمندی‌ها، قابلیت‌ها و استعدادهای واقعی و درخشان درونی خود را کشف نمی‌کنند. من نیز از این چرخه معیوب در امان نبودم. پس از ۱۵ سال درس‌خواندن، درس دادن و کار کردن در این حیطه، به‌تدریج علاقه واقعی خود را کشف کردم: شناخت انسان یا دقیق‌تر، خودشناسی. نکته مهم‌تر این که، اکنون رسالت شخصی خود را پیدا کرده‌بودم: کمک به دیگران. پس از مطالعات تجربی و شخصی، به این نتیجه رسیدم که باید این رشته را به‌صورت آکادمیک دنبال کرده و در آینده در این حوزه تدریس و کار کنم. برای من، پا گذاشتن در این مسیر ساده نیست، زیرا به‌عنوان همسر و مادر، مسئولیت‌های زیادی بر دوش دارم.

قدم اول در جاده پیچ‌های ناشناخته

معتقدم که هر کسی با استعداد و توانایی خاصی به دنیا آمده است و وظیفه اصلی همه ما انسان‌ها، شناخت این استعداد ویژه است که خداوند در افراد مختلف به‌شکلی یکتا قرار داده است. این استعداد در هر فرد منحصربه‌فرد است و گویی به اثر انگشت می‌ماند. رسالت من این است که ابتدا در توسعه شخصی خود و سپس در توسعه شخصی دیگران از طریق یافتن و شکوفا کردن این توانمندی‌های یکتا اقدام کنم. فکر می‌کنم عدم تلاش برای یافتن و شکوفا کردن این استعداد نابخشودنی

است و اگر این کار را انجام ندهیم، به خودمان و به دنیای اطرافمان ظلم کردیم. این از مهم‌ترین اهداف من است که این مسیر را تا انتها ادامه دهم. خودشناسی، کلید موفقیت است. می‌دانم که می‌توانم این‌کار را انجام دهم و می‌دانم که شما نیز، اگر و فقط اگر میل خود را به‌سمت هدف مشخصی هدایت کنید، به آن دست خواهید یافت.

واقعیت این است که به‌عنوان یک همسر و مادر دو فرزند (پرگل ۱۳ ساله و پرهام ۷ ساله) و خانمی که در دانشگاه مشغول به کارم، با محدودیت زیادی در زمان روبرو هستم. همسر و فرزندانم نیاز به توجه دارند و باید توازن کار / زندگی را حفظ کنم. از آن‌جا که خانواده برای من جایگاه ویژه‌ای دارد و حضور مؤثر در خانواده از اصلی‌ترین ارزش‌های من است، سعی می‌کنم تلاش‌هایم را با بهره‌گیری از زمان‌های استراحت و تعطیلات انجام دهم. در این زمان‌ها، به مطالعه و یادگیری می‌پردازم و هر زمان که ممکن است، در کلاس‌های اساتید بزرگ حضور پیدا کرده و از تجربیات آنان بهره می‌برم.

رنسانس من، و دنیای ناگهان تاریکِ غیرمنتظره

عاشق کتاب هستم و همیشه به‌دنبال دوستانی بودم که به خواندن علاقه دارند. بنابراین، تصمیم گرفتم که کتاب‌فروشی و کافه‌ای با الهام از علاقه خودم تأسیس کنم، تا بتوانم افرادی مثل خودم را به آنجا جذب کنم و با آنها این علاقه‌مندی را به اشتراک بگذارم. راه‌اندازی اردیبهشت آسان نبود. سرمایه‌گذاری در مسیر فرهنگی از نظر اقتصادی مقرون‌به‌صرفه نبود، و به هرحال اگر حمایت‌های عاطفی و مالی همسرم نبود، این اتفاق میسر نمی‌شد.

در آخرین روزهای ماه آذر سال ۱۳۹۸، اردیبهشت افتتاح شد. ماه دی و بهمن بهترین دوران زندگیم بود و رویایم را با عشق زندگی می‌کردم ولی در همان لحظه‌ای که رویایم به واقعیت تبدیل می‌شد، تاریکی فضای

اطراف را فراگرفت. بیماری کووید-۱۹ به‌سرعت در سراسر دنیا شیوع یافت و تأثیراتی شدید بر کسب‌وکار من گذاشت. درواقع، کسب‌وکار تازه‌ام که برایمان دنیایی از عشق و امید فراهم کرده بود، به‌دلیل شیوع بیماری تعطیل شد. تبلیغات و اطلاع‌رسانی در مورد کارگاه‌های کتاب‌خوانی، نقد کتاب، رونمایی از کتاب و سایر فعالیت‌های مشابه، به‌دلیل شرایط نامساعد از بین رفت. دنیا به سکوت فرو رفت و بی‌صبرانه منتظر بودم و امید خود را از دست ندادم. در این دوران و با ارائه خدمات فروشگاه آنلاین، فروش محصولات به‌صورت غیرحضوری و رعایت پروتکول‌ها با تلاش و پشتکار زیاد دوستان و همراهانم در مجموعه اردیبهشت، توانستیم در شرایط سخت دوران کووید این کسب و کار را حفظ کنیم. روزگار سخت دوران کووید باعث شد تا با دشواری هزینه‌های اولیه کسب‌وکار را جبران کنیم و با توجه به لطف خداوند، موفق شدیم روزهای سختی را پشت‌سر بگذاریم. اردیبهشت به محفل دوستان آشنای من تبدیل شد که هنوز هم دیدنشان و بودن در کنارشان، بیشترین آرامش دنیا را برایم به‌همراه دارد.

همه این‌ها را مدیون همان شروع طلایی هستم: شروع از خودم. امروز، بعد از ۴۱ سال زندگی، رسالت فردی خودم را پیدا کردم. حالا دیگر دانشجویانی دارم که به‌عنوان مشاور مرا انتخاب می‌کنند و بعد از شنیدن و عمل کردن به صحبت‌ها و پیشنهادهای من از نتیجه راضی هستند. حال خوب آنها حال خوب من است. روشنایی لحظات آنها، روشنایی لحظات من است و بازخورد مثبت آنها برای من به‌معنای این است که در مسیر درستی قدم گذاشتم و به‌سوی هدفم حرکت می‌کنم. اکنون آرزوی قلبی‌ام این است که بتوانم این پیام را به دیگران بدهم که برای شناخت خود و کشف استعداد واقعی خود قدم بردارند. بسیاری فکر می‌کنند که دیگر زمان شروع مجدد وجود ندارد، اما این یک افسانه است. درواقع بخش

اول زندگی هر آدمی به تحصیل در دانشگاه، ازدواج، خرید ماشین و خانه و بچه‌دار شدن می‌گذرد، اما از جایی به‌بعد پرسشی عمیق‌تر برای انسان جذاب می‌شود: هدف از خلقت من چیست؟ چه کاری می‌توانم انجام دهم که حال خودم و اطرافیان خوب شود. در همین رابطه، بیش از یک سال است که با همکاران و کارمندان خوب و همراهی که به من فرصت دادند، در دانشکده دندان‌پزشکی، مجموعه کلاس‌های "خودآگاهی" برگزار کردم و تمام آنچه را که در این سال‌ها مطالعه کرده‌بودم به آنها انتقال دادم. با توجه به تغییراتی که در سبک زندگی آنها به وجود می‌آید، با هم در کنار هم ذوق و شوقی وصف‌ناپذیر را تجربه می‌کنیم.

پایانی برای سرآغاز ما، من، تو و همه آنها که گویی سرگردانند.[۳۷]

می‌خواهم این فصل را با سه پیام اصلی به پایان برسانم. اولین پیام این است که عمر ما بسیار کوتاه است. زندگی در چشم بر هم زدنی تمام می‌شود. باید آن‌قدر دوباره و دوباره شروع کرد و حال خوب را در خویشتن خویش پیدا کنیم که دیگر هیچ‌گونه تاریکی نتواند بر ما چیره شود. سپس باید از آن منِ نویافته مانند گلی که هر روز مراقبش هستیم، مراقبت کنیم. از آن من، آن گل، هیچ‌چیز در جهان مهم‌تر نیست.

دومین پیام این است که حال بد، قسمت ناگزیر از زندگی است و نمی‌توانیم از آن فرار کنیم یا آن را نادیده بگیریم، اما می‌توانیم درمانش کنیم. به تجربه و مطالعه آموختم که حال بد همواره نتیجه انتخاب‌ها و تصمیم‌های اشتباه خودمان است. گاهی این تصمیمات، جبری هستند و به ما تحمیل می‌شوند. ولی این را می‌دانم که مسیر رشد ما از دل این

---

۳۷ سرگردانی (WANDERING) با اشاره به نقل قول ابتدای فصل و در معنای مثبت خود استفاده شده است. در این‌جا، این واژه به معنی انسانی است که به ظاهر در مسیری اشتباه قرار دارد؛ اما در انتها به مقصدی درست می‌رسد.

تصمیمات به ظاهر اشتباه می‌گذرد. پس باید چشمانمان را باز کنیم و با پیام‌هایی که در این مسیر می‌گیریم، به مقصد درست برسیم.

سومین پیام این است که هیچ‌کس مجبور نیست تا آخر عمر به انتخاب‌های خود در دوران نوجوانی وفادار بماند. هر لحظه می‌توانیم مسیر زندگی خود را تغییر دهیم و با خودشناسی، خودمان را برای یافتن خود واقعیمان و خوشبختی واقعی بیشتر بشناسیم. مسیر سختی را تا رسیدن به منِ کنونی خودمان طی کردیم. هیچ نجات‌دهنده‌ای وجود ندارد. خودشناسی، کلید رسیدن به خوشبختی است. زمان می‌برد، سختی‌ها و تلاش‌های فراوانی در پی دارد اما هرگز نباید از آن ناامید شد و دست کشید.

به‌قول عطار نیشابوری:

گر مرد رهی میان خون باید رفت
وز پای فتاده سرنگون باید رفت
تو پای به راه در نه و هیچ مپرس
خود راه بگویدت که چون باید رفت

اردیبهشت

زندگی‌نامه نویسنده

دکتر زهرا هاشم‌زاده متولد سال ۱۳۶۰ در اصفهان، دندانپزشک و متخصص پاتولوژی فک و صورت است. او عضو هیئت علمی دانشکده دندان‌پزشکی کاشان است اما علی‌رغم تحصیلات دانشگاهی در رشته دندان‌پزشکی، با توجه به شناختی که از خود پیدا کرده بود و علاقه‌ای که به رواج کتاب‌خوانی و کار فرهنگی داشت، تصمیم به پیمودن مسیری متفاوت گرفت و کتابفروشی با نام اردیبهشت تأسیس کرد. خودشناسی، توسعه فردی، و روان‌شناسی از جمله حوزه‌های مورد علاقه اوست. او کمک به دیگران در رسیدن به حال خوب درونی را یکی از اصلی‌ترین رسالت‌های خود می‌داند. به همین دلیل همیشه سعی دارد اطلاعاتی که از مطالعه کتاب‌ها و شرکت در دوره‌های آموزشی به‌دست آورده‌است را از طریق مشاوره و برگزاری کلاس به اطرافیان، دوستان،

دانشـجویان، و همکارانـش منتقـل کنـد. او بخـش کوچکـی از تجربیـات خـود را در ایـن فصـل گنجانـده اسـت و امیـدوار اسـت خواننـدگان پیام‌هـای او در مـورد اهمیـت و جایـگاه خودشناسـی و سـرمایه‌گذاری بر روی رشـد و پیشـرفت خودشـان را جـدی بگیرنـد. می‌توانیـد از ایـن طریق‌هـا بـا او تمـاس بگیریـد و نظـرات و سـؤالاتتان را بـا او در میـان بگذاریـد.

dr.zahrahashemzade

dr.zahrahashemzade@yahoo.com

@zahrahashemzade

از پیله تا پرواز!

دکتر آزاده هاشمی راد

از پیله تا پرواز!
دکتر آزاده هاشمی راد

آدرس همین است؟

تصور کنید آدرسی به شما داده شده‌است که در طبقه سی‌ام ساختمانی بلند و زیبا قرار دارد. وقتی به آن ساختمان می‌رسید و وارد آسانسور می‌شوید، در حالی‌که درب‌ها بسته می‌شوند؛ صدایی بلند از داخل آسانسور به گوشتان می‌رسد. حس می‌کنید آسانسور با شتاب متوقف شده‌است. ترس شما را در بر می‌گیرد، زیرا می‌فهمید آسانسور خراب شده و دیگر راهی جز بالا رفتن از پله‌ها ندارید. با خودتان می‌گویید که باید برای بالا رفتن آماده شوید و بعد از گذراندن مدت زمانی طولانی، به طبقه سی‌ام می‌رسید. تازه متوجه می‌شوید آدرسی که به شما داده شده، اشتباه بوده و تمام تلاش‌های شما و خستگی‌تان بیهوده بوده‌است. متوجه می‌شوید که ساختمان را اشتباه آمدید. حالا باید ۳۰ طبقه را پایین بیایید! قرار بود در ساختمان درست، با فشردن دکمه آسانسور به طبقه مورد نظرتان برسید. قرار بود کار خیلی ساده باشد، اما شما ۳۰ طبقه را بالا رفتید و برگشتید! ناامید و خسته شدید و احساس می‌کنید زمان زیادی را هدر داده‌اید. حس بدی دارید، خودتان را سرزنش می‌کنید. شاید حتی از خودتان عصبانی شوید.

این دقیقاً مسیری است که من طی کردم. در ایران سال‌ها درس خواندم تا پزشک شوم، بعد از مهاجرت، با این که ۱۷ سال از فارغ‌التحصیلی من گذشته‌بود، ۴ سال تمام درس خواندم تا در آزمون دستیاری پذیرفته شوم و در نهایت دریافتم که مسیرم را اشتباه آمدم. برداشت خوش‌بینانه این است که به خودم بگویم، این مسیر تجربه‌های زیادی را به من آموخت، اما برداشت واقع‌بینانه‌تر این است که اگر آگاهی لازم را داشتم، شاید

درست‌تر اقدام می‌کردم.

دانستن، خواستن، توانستن و پرواز

خواستن توانستن است، شاید این بزرگ‌ترین دروغی است که در طول عمرمان می‌شنویم. زندگی گاهی اوقات به ما یاد می‌دهد که هر چقدر هم بخواهیم، وقتی پای توانستن به میان بیاید، همه‌چیز طبق خواست ما پیش نمی‌رود. می‌توانستم، اما به چه قیمتی؟ آیا حاضر بودم در شهری با امکانات پایین زندگی کنم و تحصیل فرزندم را فدای خواسته خودم بکنم؟

خواستن تنها شرط و لازمه توانستن نیست. فرض کنید می‌خواهید از کوهی بالا بروید، اما برای توانستن باید اول آمادگی بدنی و روانی کافی داشته‌باشید، محل دقیق را بدانید، با کسی همراه شوید که مسیر را می‌داند، تجهیزات و امکانات کافی داشته‌باشید و از همه مهم‌تر، باید اول مطمئن شوید که این دقیقاً همان کوهی است که خودتان از ته قلب می‌خواهید از آن بالا بروید. آگاهی از مسیر، گاهی از خواستن هم مهم‌تر است. دقیقاً به همین دلیل است که تصمیم گرفتم مربی زندگی (Life Coach) شوم. در این‌جا می‌خواهم مسیر زندگی خودم، مسیر پیله تا پرواز را با شما به اشتراک بگذارم. این‌که چگونه دریافتم مسیر درست چیست؟ چگونه آگاه‌تر باشم؟ چگونه تصمیم‌های بهتری بگیرم؟ حس بهتر، حس آزادی، پرواز! خیلی زیباست، اما لازمه پرواز، پریدن است و پریدن همیشه ترسناک است. پریدن یعنی رها کردن چیزهایی که مدت‌ها برای به‌دست آوردن آنها تلاش کرده‌ایم.

آزمون پزشکی آمریکا

هشت ماه بعد از مهاجرت به آمریکا، من و همسرم به‌عنوان دستیار پزشک (Medical Assistant) کار داوطلبانه را شروع کردیم. به‌زودی،

همسرم به‌صورت تمام‌وقت شروع به کار کرد و من فقط در پایان هفته و در اوج شلوغی کار می‌کردم. در آن زمان، به‌اندازه این روزها، گروه‌های مختلف در شبکه‌های اجتماعی وجود نداشت و اطلاعات مهاجران محدود بود. می‌دانستم که آزمون‌های پزشکی (USMLE) بسیار طولانی است و علاقه‌ای به شروع آن نداشتم و فکر می‌کردم شاید راه دیگری پیدا کنم. می‌دانستم این امتحانات متشکل از سه آزمون برای دریافت مدرک پزشکی در آمریکا است و باید این آزمون را قبل از پذیرفته شدن برای دستیاری در آمریکا بگذرانم. اما چیزهایی که نمی‌دانستم این بود که قرار است به‌خاطر تفاوت‌های فرهنگی، زبانی و آموزشی در این مسیر با چالش‌های زیادی مواجه شوم و آمار موفقیت فارغ‌التحصیلان بین‌المللی پزشکی که این آزمون را قبول می‌شوند و در دوره رزیدنتی پذیرفته می‌شوند، حدود پنجاه درصد است. نمی‌دانستم سال فارغ‌التحصیل شدن هم یکی از متغییرهای مهم در این آزمون‌هاست و نمی‌دانستم که چقدر داشتن دوست و فامیل و ارتباطات در پذیرفته شدن نقش کلیدی دارد.

بعد از مدتی، یکی از دوستان خواهرم با همسر و پسر کوچکش به آمریکا آمدند و در ساختمان ما ساکن شدند. دوست خواهرم شروع به تشویق من برای درس‌خواندن و شرکت در امتحانات کرد. بعد از سه ماه، با تشویق او، سه روز در هفته به کتابخانه رفتم و شروع به درس‌خواندن کردم. کم‌کم یک برنامه درسی مستمر پیدا کردم و هر روز از ساعت ۹ صبح تا ۸ شب برای پنج یا شش روز در هفته به کتابخانه می‌رفتم و درس می‌خواندم. این برنامه زندگی من به‌مدت سه سال شد.

آزمون مرحله یک، مرحله علوم پایه بود. برای من یک سال و دو ماه طول کشید. از زمان فارغ‌التحصیلی من (تقریباً بیست سال قبل) خیلی زمان گذشته‌بود و اطلاعاتی که در زمینه علوم پایه داشتم به کلی قدیمی

شـده‌بودند. انـگار بایـد دوبـاره همه‌چیـز را می‌خوانـدم. همـه مطالـب به‌شـدت تغییرکرده‌بودنـد. دوبـاره در حـال طـی کـردن ایـن مسـیر بـودم. وقـت آزادی نداشـتم و شـبانه‌روز در حـال تسـت‌زدن بـودم. حتـی در روزهـای تعطیـل هـم، به‌خاطـر فشـردگی درس‌هـا، مجبـور بـودم کـه درس بخوانـم. پسـرم پنـج یـا شـش سـال داشـت و سـه روز در هفتـه بـه مهدکـودک می‌رفـت، سـه روز هـم پدر و مـادرم از او مراقبـت می‌کردنـد. به‌خاطـر نشسـتن زیـاد و درس‌خوانـدن، دچـار کمـردرد شـده‌بودم. بـرای مـن، مرحلـه اول، یـک غـول بـود. امـا موفـق شـدم آن را بـا موفقیـت پشت‌سـر بگـذارم. بـه خـودم افتخـار می‌کـردم. مرحله‌هـای بعـدی را هـم بـا موفقیـت سـپری کـردم تـا بـه مرحلـه ارسـال درخواسـت بـرای دسـتیاری (application) رسـیدم و تصـور کـردم کـه کارم تمـام شده‌اسـت. بالاخـره موفـق شـدم! حـس خیلـی خوبـی داشـتم.

تلاش دوباره

سـه سـال وقـت و عمـر و پولـم را صـرف ایـن آزمـون کرده‌بـودم. بـرای بیـش از ۱۵۰ دانشـگاه درخواسـت فرسـتاده‌بودم، امـا فقـط از یـک دانشـگاه مصاحبـه گرفتـم؛ در آن دانشـگاه هـم پذیرفتـه نشـدم. در واقـع، وقتـی ایـن مسـیر را شـروع کـردم، بـه نظـرم مسـیر خیلـی مشـخص بـود. فکـر می‌کـردم در نهایـت بـه نتیجـه دلخـواه می‌رسـم. بعـد از سـال اول و ایـن حقیقـت تلـخ کـه نتیجـه نگرفتـم، تصمیـم گرفتـم شـانس خـودم را بالاتـر ببـرم. بعضـی از دوسـتان بـه مـن پیشـنهاد کردنـد کـه بـه کارآمـوزی (externship) بـروم. مـن و دوسـتم به‌مـدت یـک مـاه بـه نیویـورک رفتیـم. برایـم سـخت بـود کـه پسـرم را تنهـا بگـذارم. هزینـه بسـیاری بابـت کارآمـوزی، اجـاره و سـایر مـوارد پرداخـت کـردم. همچنیـن امتحـان مرحلـه سـوم کـه مخصـوص دسـتیارهای سـال اول تخصـص بـود؛ را هـم بـا موفقیـت پشت‌سـر گذاشـتم. براسـاس آنچـه شـنیده‌بودم، ایـن امتحـان سـخت در دو روز کامـل، شـانس گرفتـن مصاحبـه را به‌شـدت افزایـش مـی‌داد. واقعـاً خوشـحال بـودم.

احساس می‌کردم به اوج آرزوهای خودم رسیده‌ام.

این بار با اطمینان بیشتر و با رزومه بسیار پربارتر درخواست‌های خودم را برای دانشگاه‌های مختلف فرستادم. فکر می‌کردم که حتماً مصاحبه خواهم گرفت. با افراد زیادی در لینکدین ارتباط برقرار کردم، ایمیل فرستادم و با همه تماس گرفتم. بسیاری از دوستانم نیز به من کمک کردند. اما به‌دلیل سال‌های زیادی که از فارغ‌التحصیلی من گذشته‌بود، باز هم موفق به گرفتن مصاحبه نشدم. شاید جنگ عراق و سوریه و مهاجرت دکترهای تازه فارغ‌التحصیل شده بسیار به آمریکا هم در این میان بی‌تأثیر نبود. سال دوم هم نتیجه‌ای جز شکست برایم نداشت.

دوره کرونا

پس از آن، دیگر دو سال درخواست نفرستادم و در یکی از بهترین بیمارستان‌های آمریکا به‌عنوان تحلیل‌گر داده (Data Analyst) کار خود را شروع کردم. کارم گردآوری داده‌ها برای تحلیل آماری بود. مدیر من هم مسیری مشابه با من را طی کرده بود و دائماً من را تشویق می‌کرد که مسیر پزشکی را ادامه دهم. به من می‌گفت ناامید نشوم. اما من انگیزه‌ای برای ادامه نداشتم.

در دوره کووید ۱۹، نیاز به پرسنل پزشکی به‌شدت افزایش پیدا کرد. همه دکترها ساعت‌های طولانی کار می‌کردند و از طرف دیگر، همه مصاحبه‌ها هم به‌صورت آنلاین در آمد. دوباره در آن برهه، مدیرم من را تشویق کرد تا برای دستیاری اقدام کنم. رزومه من را چند دکتر دیدند و کمک زیادی به من کردند تا بتوانم نامه درخواست بهتری بنویسم. با این پیش فرض جلو رفتم که شاید به‌خاطر کرونا، بتوانم دوباره شانس خودم را امتحان کنم. بعد از این مرحله، خوشبختانه یکی از دوستان رزیدنت من، در کالیفرنیا، برای من مصاحبه گرفت. خیلی خوشحال بودم. مصاحبه با زوم

بـود. امـا متأسـفانه، نشـد. ایـن بـار سـوم بـود. ایـن بـار، مرحلـه آخـر تلاش‌هـای مـن بـود و تصمیـم گرفتـم ایـن داسـتان را تمـام کنـم. تصمیـم گرفتـم بپذیـرم کـه قـرار نیسـت، بشـود. پذیـرش ایـن مسـئله بـرای مـن، خیلـی سـخت بـود. عمر، پول و زمانـم را صرف ایـن مسیر کرده‌بـودم. در نهایت بـه این نقطه رسـیدم کـه بایـد رهایـش کنـم.

شروع دوباره

نشـخوار ذهنـی شـروع شـد. بارهـا و بارهـا مراحـل را بـا خـودم تکـرار می‌کـردم. دو سـال تمـام بـا خـودم فکـر می‌کـردم. خـودم را انسـانی شکسـت خـورده می‌دیـدم. زندگـی خـودم را وقـف ایـن کار کرده‌بـودم. چـه اشـتباهی کـردم! چرا شکسـت خـوردم؟ ایـن پایـان مسیر آزمون‌هـای پزشـکی بـود. بـه خـودم می‌گفتـم کـه چـرا در آمریـکا بـا ایـن همـه فرصـت، نتوانسـتم موفـق شـوم. ایـن افـکار هـر روز مـن بـود. بـه فکـر افتـادم شـاید مسـیرم را اشـتباه رفتـم. آگاهی‌هایــی کــه در ایــن مســیر پیــدا کــردم، جرقه‌هایــی در ذهنــم شــکل داده‌بـود. امـا نمی‌دانسـتم بایـد در زندگـی خـودم چـه کنـم.

سال‌هـا بعـد، وقتـی دوبـاره بـه ایـن مسـیر نـگاه کـردم و بـا کسـانی صحبـت کـردم کـه در مسـیری کـه مـن رفته‌بـودم، موفـق شده‌بودنـد، دلیـل دیگـری پیـدا کـردم. تمـام ایـن سال‌هـا فکـر می‌کـردم فقـط به‌خاطـر سـال فارغ‌التحصیلـی اسـت کـه نتوانسـتم قبـول شـوم. امـا واقعیـت ایـن بـود کـه شـبکه ارتباطـی لازم بـرای موفقیـت را نداشـتم. بیشـتر کسـانی کـه موفـق شده‌بودنـد، دوسـت یـا فامیلـی داشـتند کـه در سیسـتم آمریـکا مشـغول بودنـد و بـه آنهـا کمـک کرده‌بودنـد تـا راحت‌تـر مسـیر را طـی کننـد. مسـیری کـه مـن بـا آزمـون و خطـا رفته‌بـودم، آنهـا بـا راهنمایـی رفته‌بودنـد. ایـن مسـئله باعـث شـد کـه نگرشـم نسـبت بـه شکسـتم تغییـر کنـد. دیگـر ایـن شکسـت بـرای مـن بـه بزرگـی قبـل نبـود. فهمیـده بـودم کـه مشـاور خـوب در مسـیر راهـم نداشـتم.

در وبگردی‌های روزانه‌ام، با سارا رحیمی آشنا شدم و از او به‌شدت الهام گرفتم. روان‌شناسی مثبت و مطالعه کتاب‌های مربوط به آن همیشه جزو علاقه‌مندی‌های من بود. صفحه سارا رحیمی را دنبال می‌کردم و از محتوای مفید آن لذت می‌بردم. از طریق سارا با دکتر شهاب اناری آشنا شدم و به کلوب یک‌درصدی‌ها پیوستم. جلسات این کلوب، جرقه‌ای جدید در من به وجود آورد. با خرید کتاب «یک، دو، سه بدرخش» از آمازون و مطالعه آن، با هفت سطح آگاهی آشنا شدم. گویی انقلابی در من به وجود آمد. به این نتیجه رسیدم که نمی‌خواهم به‌عنوان یک شکست‌خورده در زندگی بمانم و به‌دنبال راه‌های جدیدی برای رسیدن به موفقیت هستم. ایمانم به دکتر اناری بیشتر شد و از محتوای جلسات بسیار استفاده کردم. وقتی از دکتر اناری در مورد کوچینگ شنیدم، بسیار علاقه‌مند شدم و به نظرم این مسیر بسیار جذاب رسید. می‌توانستم در این مسیر به دیگران کمک کنم. ۱۳ سال در ایران به‌عنوان پزشک کار کردم و همیشه سعی من بر این بود که به بیمارانم کمک کنم و با آن‌ها صحبت می‌کردم. همیشه حس خوبی داشتم وقتی می‌دیدم بیمارانم خوشحال هستند و احساس می‌کردم کارم مفید است.

گویی کمک به آن‌ها، دقیقاً همان چیزی بود که می‌خواستم. اما نداشتن این حس بعد از مهاجرت، خلائی در قلبم ایجاد کرده بود. فهمیدم چقدر کوچینگ با شخصیت من منطبق است. احساس کردم که مسیر خودم را پیدا کرده‌ام و درک کردم که باید چه کار کنم. این همان شغلی بود که دوستش داشتم. بعد از ثبت نام در کلاس‌ها، حس کردم این گمشده من است. با شرکت در جلسات کوچینگ حالم بهتر شد. هر هفته که می‌گذشت، حس بهتری داشتم. بعد از شرکت در این کلاس‌ها، احساس رهایی می‌کردم. انگار به جواب «چه کنم، چه کنم؟» رسیده‌بودم. امید

به زندگی دوباره‌ای در من شکل گرفت و شروع به برنامه‌ریزی کردم. به این فکر کردم که چگونه از کوچینگ درآمد کسب کنم؟

هر چه بیشتر پیشرفت می‌کنم، با مراجعین خودم ارتباط مؤثرتری برقرار می‌کنم و احساس بهتری دارم. وقتی به تغییرات در آنها نگاه می‌کنم، گویی بخشی از وجود خودم را تغییر داده‌ام. دیدگاه و دنیای من تغییر کرده است. به دیگران کمک می‌کنم تا بیشتر آگاه شوند و دیدگاه بهتری نسبت به خودشان پیدا کنند. به آنها کمک می‌کنم تا از توانایی‌ها و محدودیت‌های خودشان بهتر استفاده کنند.

پرواز

زمانی که در رشته پزشکی قبول شدم، از تهران به شیراز رفتم؛ سپس به آمریکا مهاجرت کردم و تغییر شغل دادم. همه این‌ها به من آموخت که برای پیروزی، باید تارهای دور خود را پاره کنم و از منطقه امن خودم خارج شوم. این که در ادامه کار پزشکی در دیار جدید شکست خوردم، برای من فاجعه‌آمیز نبود. بلکه برای من این مرحله، آزمون دیگری در مسیر زندگی‌ام بود. امروز با افتخار سرم را بالا می‌گیرم. آزمون‌های پزشکی آمریکا غولی بزرگ بود و موفق به شکست آن شدم. می‌توانم هر غولی را شکست دهم، حتی اگر برای این کار مجبور باشم از منطقه امن خودم خارج شوم.

شغلم در ایران را رها کردم و مهاجرت کردم. کار در بیمارستان را رها کردم. بخشی از وجودم را که ضعیف بود، رها کردم. خودم را برای اولین بار دیدم، استعدادها و توانایی‌هایم را، ضعف‌ها و محدودیت‌هایم را و دریافتم که می‌خواهم چه کسی باشم. دریافتم نه غم ماندنی است، نه شادی، تنها بخش ثابت در دنیا تغییر است. هیچ‌وقت وضعیت به آن صورت که

بود، نمی‌ماند. هر وقت تصور کردم، این آخرین سختی است که تجربه می‌کنم، دوباره چالشی دیگر را روبه‌روی خودم یافتم. واقعیت زندگی مثل افسانه‌ها نیست، این سختی‌ها بخشی از هویت ما هستند و قرار است در این مسیر خودمان را بهتر بشناسیم. هر مراجعی که در جلسات روبه‌روی من می‌نشیند، هر مراجعه‌کننده‌ای که قدم به قدم پیشرفت می‌کند، هر لبخندی که روی لب او می‌نشیند، این حس را به من می‌دهد که مسیر را درست آمدم. اگر قبلاً فقط می‌توانستم به بیماران کمک کنم، امروز می‌توانم به تمام کسانی کمک کنم که می‌خواهند تغییر کنند. سلامتی واقعی در رسیدن به شکوفایی نهفته‌است و شکوفایی زمانی رخ می‌دهد که انسان‌ها از لحاظ فیزیکی، روانی، احساسی و معنوی زندگی پرباری داشته‌باشند. انسانی که به‌دنبال شکوفایی و رسیدن به پتانسیل‌های خود هست، می‌تواند بر روی هر رودخانه پر تلاطمی پل بسازد، می‌تواند از هر شکستی پله موفقیت بسازد. من به مراجعینم کمک می‌کنم که خودشان و توانایی‌هایشان را بشناسند و از آنها به بهترین نحو استفاده‌کنند. هم اکنون با تجربیاتی که از زندگی پرفراز و نشیب خودم کسب کردم، با تمام وجودم به مراجعه‌کنندگانم کمک می‌کنم تا بر موانع زندگی غلبه کنند. با تمام وجود به آنها گوش می‌دهم و با دنیای آنها یکی می‌شوم و با سؤالات به‌موقع، آنها را هدایت می‌کنم تا خود و ارزش‌هایشان را بشناسند، برای خودشان هدف تعیین کنند و در مسیر رسیدن به آن قرار بگیرند. شعار سازمان جهانی کوچینگ (ICF) می‌گوید: ما با کوچینگ یک نفر به یک نفر دنیا را تغییر می‌دهیم. هدف من این است که به مراجعینم کمک کنم مسیر خودشان را درست‌تر انتخاب کنند. آگاهانه‌تر پیش بروند، از تغییر نترسند. حس پرواز خیلی زیباست، باید جرئت کنند و بپرند!

از پیله تا پرواز!

زندگی‌نامه نویسنده

دکتر آزاده هاشمی‌راد، زاده تهران و شاگرد ممتاز در مقاطع تحصیلی دبیرستان، جزء رتبه‌های برتر کنکور بود و در دانشگاه علوم پزشکی شیراز در رشته پزشکی پذیرفته شد. بعد از فارغ‌التحصیلی، یک سال و نیم، دوره طرح خود را در ایلام گذراند. پس از آن به تهران بازگشت و یازده سال در تهران و مناطق اطراف آن طبابت کرد. در طول دوره طبابت همیشه سعی داشت که ارتباط با بیمارانش را فراتر از یک رابطه کاری قلمداد کند. به‌علت علایق شخصی، در دوره‌های رشد دکتر مجد شرکت کرد و دریافت که با آگاهی بیشتر، بهتر می‌توان زندگی کرد و این نقطه عطف زندگی او بود.

در سال ۲۰۰۹ به آمریکا مهاجرت کرد و با وجود تمام مشکلات، در سال ۲۰۱۵ موفق به گذراندن امتحانات USMLE شد. مدت کوتاهی به‌عنوان

مربـی در امتحانـات USMLE کار کـرد و مباحثـی از ایـن آزمـون را بـرای دانشـجویان تدریـس می‌کـرد و سـپس در بخـش حـوادث در یکـی از بهتریـن بیمارسـتان‌های آمریـکا مشـغول بـه کار شـد.

چنـد سـال بعـد، از آنجـا کـه بـه مباحـث روان‌شناسـی و کوچینـگ علاقمنـد شـد، مـدرک مربی‌گـری زندگـی (life coach) را از مؤسسـه نـورث اسـتار ساکسـس (North Star Success) گرفـت و مسـیر زندگـی خـود را تغییـر داد. در حـال حاضـر، آزاده لایـف کـوچ اسـت و بـه کسـانی کـه در مسیر تغییـری بـزرگ قـرار دارنـد، بـرای شـناخت خـود و حرکـت به‌سـمت بهتـر شـدن، کمـک می‌کنـد. تجربیـات خـود را در زمینـه مهاجـرت و تغییـر شـغل در اختیـار مراجعه‌کنندگانـش قـرار می‌دهـد و آنهـا را راهنمایـی می‌کنـد کـه بهتـر بـا مشـکلات مهاجـرت کنـار بیاینـد.

در حـال حاضـر بـا همسـر مهربانـش، افشـین، و پسـر بـا اسـتعدادش کیـان زندگـی می‌کنـد. پـدر، مـادر و خواهـرش همیشـه مشـوق او بوده‌انـد و در مسـیر تغییـر شـغل پیوسـته از او حمایـت کرده‌انـد.

بـرای ارتبـاط بـا آزاده یـا اطـلاع بیشـتر در مـورد خدمـات مشـاوره تحول‌آفریـن او، می‌توانیـد از راه‌هـای ارتباطـی زیـر اسـتفاده‌کنید:

Azadeh_hrad@yahoo.com

https://www.linkedin.com/in/azadeh-hashemirad-16451319

Instagram: Azadeh_hashemirad

www.ingramcontent.com/pod-product-compliance
Lightning Source LLC
Chambersburg PA
CBHW072200070526
44585CB00015B/1236
* 9 7 8 1 7 7 7 6 1 0 7 4 6 *